学诗可以情飞扬、志高昂、人灵秀。

——引自2013年3月7日习近平在中央党校建校80周年大会上的讲话

中华最美古诗词360首

（七级）

学术顾问：周笃文
书名题字：陈洪武
主　　编：刘锦文　康守永
副 主 编：王汉文　王艳芬　乔维　满在莉
本册编委：（以姓氏笔画为序）

丁树文　王莹　王宾　王黎　艾霞　石媛
朱青绿　刘小爱　刘宾胜　刘喜娟　师文　闫妍
李香　李斌　张小宁　张茜　张润　张雄雄
陈海云　林新杰　封亚萍　段丽娜　姜洪成　胥君海
贺艳　秦效伟　贾凤晔　黄世新　梅沙礼　曹雨燕
曹艳芳　崔新　熊学琼　霍晓艳　戴宏辉

艺术总监：李有来　许龙江　吴川淮
插画提供：《中国书画》杂志社
平台支持：全国中小学教师继续教育网

西安出版社

图书在版编目（CIP）数据

中华最美古诗词360首. 七级 / 刘锦文、康守永主编. —西安： 西安出版社，2018.12（2023.4 重印）

ISBN 978-7-5541-3221-0

Ⅰ.①中… Ⅱ.①刘…②康… Ⅲ.①古典诗歌—中国—初中—教学参考资料 Ⅳ.①G634.303

中国版本图书馆CIP数据核字（2018）第158361号

中华最美古诗词360首（七级）

主　　编：	刘锦文　康守永
出版发行：	西安出版社
社　　址：	西安市雁塔区雁南五路1868号曲江影视大厦11层
电　　话：	（029）85253740
邮政编码：	710061
网　　址：	www.xacbs.com
印　　刷：	天津图文方嘉印刷有限公司
开　　本：	787mm×1092 mm　1/20
印　　张：	10
字　　数：	195千
版　　次：	2018年12月第1版 2023年4月第2次印刷
书　　号：	ISBN 978-7-5541-3221-0
定　　价：	39.80元

△本书如有缺页、误装，请寄回另换。

未经许可，不得以任何方式复制或抄袭本书之部分或全部内容。

版权所有，侵权必究

邮购电话：（010）88113200

序

中国诗歌发轫于上古，波澜相接，汇为浩浩之诗海，气势磅礴，穿越万古时空依旧光辉不减，其历史之久远，底蕴之深厚，数量之巨大，品质之超然，震撼之强烈，流传之广阔，影响之深远，在世界文明史上都是举世无双的。

俨然一角灵犀影，焕出诗家万丈虹。在这个国度里，无数诗词巨星，用自己充满高情大爱与奇思的旷世名篇，将汉语言文字特有的声情意象之美发挥到了出神入化的地步，声律优美，意境如画，使人见字生感，闻声动情，从帝王将相到渔父耕夫，无不喜闻乐诵、目醉心迷，诗词成了人们文化生活的首选乃至潜意识存在，在塑造民族性格、凝铸民族精神方面发挥着神工伟力，诗化的中华民族因此历劫不衰，保持着盎然勃发的生命力。古诗词所蕴含的美育力量渗透进了中华文化的各个方面，使其当之无愧地成为中华文化的灵魂、民族的血脉、精神的家园。

诗主性灵，重高节。就个人成长而言，诗词是陶冶性灵、涵养气质、提升审美品位不可替代的载体，对促进智力的发展、创新才能的焕发、自由精神的培育、贤德君子形象的塑造具有极为重要的价值。

以诗词之美弘扬国学、教化人生是每一个文化和教育工作者的义务和使命。正如近平同志在北师大教师节座谈会上说的，"应该把这些经典嵌在学生脑子里，成为中华民族文化的基因"，希望全社会积极承担起激活传统的历史责任，推陈出新，利用各种载体，将传统中华诗歌文化传承下去，让中华诗词在传承中焕发出内生的动力和新的光彩。

周笃文

2018 年 9 月 8 日于北京

周笃文：字晓川，1934 年生，湖南汨罗人，国务院表彰的特殊贡献专家，著名诗词家和宋词研究专家，中华诗词学会和中国韵文学会的创始人之一，历任中国韵文学会常务理事、中华诗词学会副会长兼秘书长、中华诗词编著中心总编辑，原中国新闻学院教授，中外文化研究所所长。已发表诗词近千首，出版各类诗词专集、选集、研究赏析著作十余种，主要著作有《全宋词评注》十卷、《宋词》《宋百家词选》《金元明清词》《华夏之歌》《经典宋词百家解说》《珍藏本宋词》《影珠书屋吟稿》《婉约词典评》《豪放词典评》《中外文化辞典》等，在古典诗词学界享有盛誉。

目　录

晚春	韩　愈	003
望岳	杜　甫	007
清平调（其一）	李　白	012
竹里馆	王　维	016
望江南（梳洗罢）	温庭筠	021
夜雨寄北	李商隐	027
天净沙·秋思	马致远	032
峨眉山月歌	李　白	037
秋词（其一）	刘禹锡	042
潼关	谭嗣同	047
望月怀远	张九龄	051
次北固山下	王　湾	056
登幽州台歌	陈子昂	061
春夜洛城闻笛	李　白	066
闻王昌龄左迁龙标遥有此寄	李　白	071
江南逢李龟年	杜　甫	076
闻官军收河南河北	杜　甫	081
约客	赵师秀	085
如梦令（昨夜雨疏风骤）	李清照	089
夜上受降城闻笛	李　益	094
十一月四日风雨大作（其二）	陆　游	099
逢入京使	岑　参	103
思帝乡（春日游）	韦　庄	107
清平乐·村居	辛弃疾	112
减字木兰花·题雄州驿	蒋祖兴女	116
卜算子·送鲍浩然之浙东	王　观	122
泊秦淮	杜　牧	127
贾生	李商隐	132
观沧海	曹　操	137
行军九日思长安故园	岑　参	143
关山月	徐　陵	148
登飞来峰	王安石	152
过松源晨炊漆公店（其五）	杨万里	157
游山西村	陆　游	162
己亥杂诗（其五）	龚自珍	167
马嵬（其二）	李商隐	173
从军行	杨　炯	178
论诗	赵　翼	184
生年不满百	《古诗十九首》	188
临江仙（滚滚长江东逝水）	杨　慎	192

引　言

　　走进缤纷律动的夏日荷塘,听鸟儿欢叫、蛙声悠扬;拾级黄叶漫染的金秋山冈,听泉水流淌、情歌回响;登上月辉静沐的西楼画舫,听钟磬和鸣、宫商绕梁……这些,都是中华古诗词里的寻常意象。

　　泛黄的史册里,从王侯将相到黎民百姓,无论贵贱,或雅或风,你来我往,游弋在诗词的海洋,抚琴摇橹,浅吟低唱;从文人雅士到野夫游侠,不分老少,或兴或比,前呼后拥,徜徉在花园曲榭,举杯邀月,高歌豪放……

　　让我们洗耳恭听——听孔丘弦歌,屈子骚伤……

　　悠远的古道上,一代汉将剑指云天,驰骋边关,倾情演绎着烈士洒血的铿锵;萧瑟的西风中,几个宋臣骑着瘦马,来去回还,奋力弹奏着战马嘶鸣的悲怆;拍岸的惊涛里,风流人物驾着小船,驱风逐雾,镇定挥洒着强虏烟灭的雄壮;凌空的高阁下,绝代诗圣舒展衣袖,轻提缓按,自如书写着鬼神惊泣的华章。

　　蓦然回首,有位佳人,在水中央,巧笑倩兮,美目盼兮,令人心驰神往。

　　让我们走进中华最美古诗词,看郑姬进殿、汉娥离宫,邂逅花妒神赞、鱼沉燕落之天香;看唐妃起舞、宋娘登楼,温暖别易聚难、怀歇肠断之悲凉。

　　"江山代有才人出,各领风骚数百年",从汉魏风骨到盛唐气象,斗转星移,诗家辈出,诗品日新,诗潮迭起,诗风浩荡。

　　王朝虽更迭,诗魂却永驻。诗词流淌在中国人的血液里,成了中华民族不朽的文化基因。让我们再上高楼,以饱满的人文底蕴,拥抱明日的辉煌。

[清] 高凤翰 《西亭春艳图卷》

(局部)

晚 春

[唐] 韩愈

扫一扫，听朗读

草树知春不久归①，
百般红紫②斗芳菲③。
杨花④榆荚⑤无才思⑥，
惟解⑦漫天⑧作雪飞。

注释

①不久归：这里指春天很快就要过去了。
②百般红紫：即万紫千红，色彩缤纷的春花。
③斗芳菲：争芳斗艳。
④杨花：指柳絮。
⑤榆荚：亦称榆钱。榆未生叶时，先在枝间生荚，荚小，形如钱，荚花呈白色，随风飘落。
⑥才思：才华和能力。
⑦惟解：只知道。
⑧漫天：满天。

古诗今读

花草树木知道春天即将归去，都想方设法挽留春天，纷纷争奇斗艳。

就连那没有艳丽姿色的杨花和榆钱也不甘寂寞，随风起舞，好似片片雪花。

赏析要点

这是一首描绘暮春景色的七绝。诗人不写百花稀落、暮春凋零，却写草木留春而呈万紫千红的动人情景：花草树木探得春将归去的消息，便各自施展出浑身解数，吐艳争芳，色彩缤纷，繁花似锦，就连那本来乏色少香的杨花、榆荚也不甘示弱，而化作雪花随风飞舞，加入了留春的行列。诗人体物入微，发前人未得之秘，反一般诗人晚春迟暮之感，摹花草灿烂之情状，展晚春满目之风采。寥寥几笔，便给人以满眼风光、耳目一新的印象。虽然诗只是写百卉千花争奇斗艳的常景，但写得工巧奇特，别开生面。

此诗熔景与理于一炉，在景物描写中蕴含着人生哲理：诗人通过"草木"有"知"、惜春争艳的场景描写，反映的其实是自己对春天大好风光的珍惜之情。面对晚春景象，诗人一反常见的惜春伤感之情，变被动感受为主动参与，情绪乐观向上，很有新意。"杨花榆荚"不因"无才思"而藏拙，不畏"班门弄斧"之讥，避短用长，争鸣争放，为"晚春"添色。正是"柳丝榆荚自芳菲，不管桃飘与李飞"（《红楼梦》林黛玉《葬花吟》），这勇气非常可爱。这就给人以启示：一个人"无才思"并不可怕，要紧的是珍惜光阴，不失时机，"春光"是不负"杨花榆荚"这样的有心人的。

此诗题一作"游城南晚春"，可知所写乃春游郊外所见。仅就描写暮春景色而言，此诗可谓有情有趣，亦不落俗套。诗人全用拟人手法，糅人与花于一体，不说人之惜春，而说草树亦知春将不久，因而百花争艳，各呈芳菲。凑热闹的还有朴素无华的杨花榆荚，像飞雪一般漫天遍野地飘舞。人言草木无情，诗偏说它们有知，能"知"能"解"还能"斗"，而且还有"才思"高下有无之分。想象之奇，实为诗中所罕见。这是此诗明白有趣之处，堪称平中翻新，颇富奇趣。

然而"无才思"三字相当怪异，引起后人很多猜测。或谓劝人勤学，不要像杨花那样白首无成；或谓隐喻人之无才，作不出好文章；或言有所讽喻；或言赞赏杨花虽无芳华，却有情趣和勇气。如果说此诗真有寓意，就应当是其中所含的一种生活哲理。从韩愈生平为人来看，他既是"文起八代之衰"的宗师，又是力矫元和轻熟诗风的奇险诗派的开山人物，颇具胆力。他能欣赏"杨花榆荚"的勇气。此处或并非存心托讽，而是观杨花飞舞而忽有所感触，随寄一点幽默的情趣。诗的妙处也在这里。此诗的寓意，见仁见智，不同的人生阅历和心绪可能有不同的领悟。

作者掠影

韩愈（768～824）唐代文学家、哲学家、思想家，字退之，河阳（今河南省焦作孟州市）人。祖籍河北昌黎，世称韩昌黎。晚年任吏部侍郎，又称韩吏部。谥号"文",又称韩文公。他与柳宗元同为唐代古文运动的倡导者,主张学习先秦两汉的散文语言,破骈为散,扩大文言文的表达功能。宋代苏轼称他"文起八代之衰",明人推他为唐宋八大家之首,与柳宗元并称"韩柳",有"文章巨公"和"百代文宗"之名,提出了"文以载道"和"文道结合"的主张,反对六朝以来骈偶之风。作品都收在《昌黎先生集》里。韩愈在思想上是中国"道统"观念的确立者,是尊儒反佛的里程碑式人物。

延伸阅读

杨花是花吗?

会飘飞的杨花是花吗?答案不是,杨花是杨树的果实。

这种果实称为蒴果。它是一种多种子的果实,成熟时会干燥分裂,分成数瓣,种子便随之散出。种子的基部围有一簇丝状长毛,随风飘落四方,一代代繁衍下去。

那么,杨树有没有花呢?答案有。杨花像一条长而柔软的毛毛虫,或者像一串麦穗藏在树叶间,既无美丽的形状,又无鲜艳的色彩,毫不引人注目。

杨花属柔荑花序。它是一簇围绕着柔软的花轴而丛生的小花。每朵小花只有苞片而无花冠、花萼。杨花是单性花,花里只有雄蕊或雌蕊,雄雌异株。只长雄花的为雄树,只长雌花的为雌树。

杨树是在春天结实的。正是由于这一迷惑人的现象,更容易被人误认为是花。你可别认错了啊!

考试链接

1. 请说出"百般红紫斗芳菲"中的"斗"的修辞手法,并简析其妙处。

2. "杨花榆荚无才思,惟解漫天作雪飞",这两句诗意蕴深刻,为历代传诵。请对这两句诗作赏析。

编注者:师 文

【参考答案】
1. 拟人,形象生动地写出了晚春时节花草树木竞相开花、争妍斗艳的美丽景象,使描绘的晚春景致生动而有奇趣。
2. 运用拟人、比喻手法,生动形象地描绘了朴素无华的杨花榆荚也不甘示弱,化作雪花随风飘舞,加入了留春的行列,作者借此表达了要珍惜光阴、不失时机的人生态度。

［清］ 林巆 《溪山幽赏图轴》

望　岳①

[唐] 杜甫

岱宗②夫如何？齐鲁青未了③。

造化④钟⑤神秀⑥，阴⑦阳⑧割昏晓。

荡胸生曾⑨云，决眦⑩入归鸟。

会当⑪凌⑫绝顶⑬，一览众山小。

扫一扫，听朗读

注释

①岳：这里指东岳泰山。
②岱宗：泰山的尊称。
③青未了：青青的颜色不尽。此处极言泰山之广大。
④造化：大自然。
⑤钟：聚集。
⑥神秀：神奇秀美的景色。
⑦阴：山北。
⑧阳：山南。
⑨曾：同"层"，重叠。
⑩决眦（zì）：睁裂眼眶。眦，眼眶。
⑪会当：终当。
⑫凌：登上。
⑬绝顶：顶峰。

古诗今读

　　雄伟的泰山到底怎么样？从齐到鲁青翠连绵，一望无际。大自然将天地间的神奇秀美都赋予了你。山南向阳，山北背阴，明暗分明，判若晨昏。远望层云叠起，心胸激荡，目送归鸟入巢，眼角（几乎）要裂开。我一定要登上泰山的顶峰，举目纵观群山的低矮渺小。

赏析要点

开元二十四年，杜甫二十四岁，正是年轻气盛漫游齐赵裘马轻狂之时，唐王朝也正处于开元盛世。这时，杜甫东游泰山，写下了这首《望岳》。诗描写了泰山既雄伟又秀美的万千景象，抒写了一览众山的壮阔胸怀，也折射出盛唐时代积极向上的时代精神。豪气蓬勃，给人一种鼓舞力量。

首联"岱宗夫如何？齐鲁青未了"是以问答句式写远望泰山的景象。写乍一望见泰山时，那种欣喜、惊叹、仰慕的情形，非常传神。这是借齐鲁两地来烘托泰山那拔地而起、参天耸立的形象。齐鲁之"青"，是泰山掩映的结果。"未了"，绵绵不尽之意。在这里，诗人想说的是，你知道泰山是个什么样子吗？请看，它那苍翠的山色掩映着辽阔无边的齐鲁大平原。

颔联"造化钟神秀，阴阳割昏晓"，这是近望泰山所见的景象。尤其是"钟""割"两字炼字极好，上句是虚写，下句是实写，写出了泰山的神奇秀丽和巍峨高大、遮天蔽日的形象。

颈联"荡胸生曾云，决眦入归鸟"写的是实景，是细望泰山所见。泰山极高，白日里可以望见山腰间的团团云气，层出不穷；又极幽深，黄昏时可以望见归巢的鸟儿渐渐隐入山谷之中。

尾联"会当凌绝顶，一览众山小"写由望岳而产生的登岳的意愿，诗人此刻仍在山下，但他却能"一览"，这显然是神游玉皇顶之所见。它不只是诗人要攀登泰山极顶的誓言，也是诗人要攀登人生顶峰的誓言。

作者掠影

杜甫（712～770），唐代伟大的现实主义诗人，杜甫被世人尊为"诗圣"，字子美，自号少陵野老，世称"杜工部""杜少陵"等，河南府巩县（今河南省巩义市）人，他所作诗歌广泛反映了安史之乱前后的社会现实，具有强烈的爱国精神，被后人们誉为"诗史"。杜甫与李白合称"李杜"，为了跟另外两位诗人李商隐与杜牧即"小李杜"区别开来，杜甫与李白又合称"大李杜"。他的诗歌在艺术上造诣极高，他以博大精深的内容和丰富多样的表现手法，形成沉郁顿挫的艺术风格，成为中国现实主义诗歌的高峰。杜甫存诗1400余首，在中国古典诗歌中备受推崇，影响深远，有《杜少陵集》。

延伸阅读

杜甫 7 岁时作《咏凤凰》一诗

718 年，杜甫的二姑母和姑父去河鄾城办事，顺便也把杜甫带了去。

有一天，姑父、姑母和杜甫到市里游览，突然发现一个地方锣鼓喧天，围得人山人海，他们便凑了过去。杜甫由于个子矮小，看不见，就让姑父把他抱起来往里看。只见一个女子正在舞剑，那杨柳似的身段、优美的舞姿、超群的剑术，不时引来观众阵阵的喝彩声。就听有人议论说："这是哪里来的女子，舞姿如此优美？"另外一个人则抢着说："你们不知道她吗？她不就是宫廷艺坊的公孙大娘吗？宫中除了她，谁还有这么好的舞技？"又有人仔细地端详了一番，突然像发现奇迹似的惊喜道："看出来了，是她！就是她！我十几年前在宫中曾见过她一面，也看过她的舞蹈，但没有想到她都四十多的人了，还是这么妩媚英武！你们知道她现在表演的这个舞叫什么名吗？我过去就看过，叫'剑器浑脱'，是从西域传来的。"

小杜甫看着看着，猛然惊奇地大声叫道："凤凰！凤凰！看这段舞姿，多么像一只凤凰在展翅飞翔呀！"众人听他一喊，也都一起叫起来："对，是凤凰在飞翔！"

这次公孙大娘的精彩表演，深深印在了小杜甫的心中。第二天，他便根据公孙大娘的表演，展开丰富的想象力，写出了一首题目叫《咏凤凰》的诗。这年，他才 7 岁。

考试链接

1. "造化钟神秀，阴阳割昏晓"突出了泰山什么特点？

2. "会当凌绝顶，一览众山小"这两句诗抒发了诗人怎样的情怀？

3. 在我国文学史上，歌咏泰山的作品很多，但杜甫的《望岳》诗被誉为咏泰山的绝唱。下面分析错误的一项是（ ）

A. 诗歌有虚写，有实写，虚实结合，意境高远，气势磅礴。

B. 写出了泰山的浑厚与苍凉，表达了诗人俯视万物、桀骜不驯的性格特点。

C. 诗歌能让人浮想联翩，充分感受到泰山的雄伟气势，同时又能让人体会出诗人的情怀，可谓形神兼备。

D. 诗歌语言精练传神，如"钟""割"，充分体现出诗人"语不惊人死不休"的创作追求。

编注者：霍晓艳

【参考答案】
1. 神奇秀丽，高峻挺拔。
2. 抒发了诗人不怕困难、勇攀高峰、俯视一切的雄心和气概。
3. B

词牌初识

渔歌子

1. 词牌介绍：

渔歌子，又名"渔歌曲""渔父"等，原唐教坊曲名，后来人们根据它来填词，又成为词牌名。原为单调二十七字，四平韵。中间三言两句，例用对偶。后来此调多用为双调。代表作品有张志和的《渔歌子·西塞山前白鹭飞》。

2. 格律举例：

中仄平平仄仄中（韵），中平平仄仄平平（韵）。平仄仄，仄平平（韵），平平仄仄仄平平（韵）。

（说明：平，填平声字；仄，填仄声字；中，可平可仄。）

3. 范例：《渔歌子·西塞山前白鹭飞》

西塞山前白鹭飞，桃花流水鳜鱼肥。青箬笠，绿蓑衣，斜风细雨不须归。

徐操 《青女素娥图》

扫一扫，听朗读

清平调①（其一）

[唐] 李白

云想衣裳花想容，
春风拂槛②露华③浓。
若非群玉山④头见，
会⑤向瑶台⑥月下逢。

注释

①清平调：一种歌的曲调。
②槛（jiàn）：有格子的门窗或亭台的栏杆。
③华：通"花"。
④群玉山：神话中的仙山，传说是西王母住的地方。
⑤会：应。
⑥瑶台：传说中仙子住的地方。

古诗今读

见到云霓的绚烂，不禁让人联想到美人衣服的华艳；看到牡丹的艳丽，不由联想到美人容貌的靓丽。春风轻轻吹拂着栏杆、窗棂与露水滋润下的花朵，多么的美艳！

如此美人若不是在神仙居住的群玉山见到，就是在瑶池的月光下才可能相逢。

赏析要点

霓虹一样的衣裳啊，花朵一般的容貌！开篇一句"云想衣裳花想容"，推出杨妃，真是一个美呀！你看那丰满滋润的玉容，着以飘举的霓裳羽衣。用李清照的话说：怎一个"美"字了得！"想"字有正反两面的理解，可以说是见到云而想到衣裳，见到花而想到容貌；也可以说把衣裳想象为云，把容貌想象为花；还可以认为云彩见到杨妃的衣服羡慕得不得了，鲜花看到杨妃的容貌，也爱得受不了，等等。七个字交互参差，花团锦簇。

接下来"春风拂槛露华浓"，风是春风，动作是轻轻抚摸，点缀着晶莹的露水。在如此的氛围中，牡丹能不艳丽吗？如此美艳的牡丹，对杨妃敬爱有加，艳羡不已，杨妃的美还用说吗？这就是反跌之妙。这里的"风"与"露"暗含君王恩泽，使花容人面倍显精神。这是双关之用。杨妃之美远不止于此，但地下之物没法比拟了，于是诗人只好神驰天外，看看能否将意会之妙诉诸笔端。

经过一番遴选，李白认为西王母所居群玉山与瑶台上，其间美女应该是美中之美吧，且人所共知，于是就有了："若非群玉山头见，会向瑶台月下逢"。可是，这两个地方的美女有人见过吗？见没见无妨，反正这两个地方美女之绝，深藏在每一个人心中，这就够了。"若非""会向"，看起来在选择，其实走进你心中的毫无疑问都是超绝人寰之美。玉山、瑶台、月色，一例素淡，映衬花容人面，点染白玉般的人儿与温馨的牡丹花。同时，不经意间，诗人把杨妃比作天女下凡，真是精妙至极。

作者掠影

写这组诗时，李白在长安供奉翰林，正是一生最为得意之时。冲天才气，见之于诗。然而，我们伟大而浪漫的诗人并不满足于歌舞升平，他要经天纬地，干一番事业。可是，此时的唐明皇已经腐化堕落，沉溺于享乐。长安的权贵们："大车扬飞尘，亭午暗阡陌。中贵多黄金，连云开甲宅。"即使是那些游手好闲、斗鸡走狗之徒，也都是："路逢斗鸡者，冠盖何辉赫。鼻息干虹蜺，行人皆怵惕。"到处是："骅骝拳跼不能食，蹇驴得志鸣春风。"

李白竭尽努力，只能是："欲渡黄河冰塞川，将登太行雪满山。""抽刀断水水更流，举杯浇愁愁更愁。"在这繁华的都市，正直的人饱受排斥、打压，李白愤然不平："严陵高揖汉天子，何必长剑拄颐事玉阶。""安能摧眉折腰事权贵，使我不得开心颜。"与其屈辱地生活在长安，还不如漫游天下，饱览山川："别君去兮何时还？且放白鹿青崖间，须行即骑访名山。"

延伸阅读

清平调词三首

据说有一天，唐玄宗和杨贵妃在宫中观赏牡丹，一时兴起,派人找李白写新乐章。李白听到传唤,奉诏而作《清平调词三首》。

　　第一首诗见上文。它从空间入手,把读者引入瑶台仙宫。第二首:"一枝红艳露凝香,云雨巫山枉断肠。借问汉宫谁得似?可怜飞燕倚新妆。"杨妃真像一支红艳艳的牡丹花噙着露珠,凝聚着美艳,芳香欲滴。传说中楚王与神女在巫山的欢会交合,千古缠绵悱恻;但那样的传说,哪能比得上杨妃受到君王真正的恩宠呢?就算可爱无比的赵飞燕,还得穿上华丽的衣裳化妆好,才能和杨妃相比美呢。第三首诗,诗人从仙境古人返回到现实中来,请看:"名花倾国两相欢,长得君王带笑看。解释春风无限恨,沉香亭北倚阑干。"牡丹与贵妃都如此美丽动人,惹人喜爱,使得君王欢颜观赏,即使心中有再大的心事或不满,只要到这沉香亭畔牡丹园,和贵妃一起来观赏牡丹,也会消散得无影无踪了。

　　这三首诗,句句浓艳,字字流葩,将牡丹与杨妃交织映衬,人美花鲜,浑然为一,读来春风满纸,花鲜满眼,人面迷离,因此深为唐玄宗所赞赏。从构思看,第一首从空间入手,引读者于瑶台仙宫;第二首从时间切入,带读者到楚王巫山、汉皇宫廷;第三首回到眼前,点明赏花的地方是唐王朝宫廷沉香亭北。三首诗相互衔接,前后呼应,完美统一。

考试链接

1. 结合诗句内容,判断下列说法是否正确。

(1)这首《清平调》为李白在长安时,奉唐太宗的旨意创作的。( )

(2)《清平调》共有三首,这是其中第一首,以牡丹花比喻杨贵妃的美艳。( )

2. "云想衣裳花想容"这句诗写得极妙,结合"想"字分析妙在哪里?

编注者:丁树文

【参考答案】

1.(1)错误。应是奉唐玄宗的旨意创作的。(2)正确。

2. "云想衣裳花想容"是诗人设想云朵想与杨贵妃的衣裳媲美,花儿想与杨贵妃的容貌争妍,这是极言杨氏的衣饰和容貌之美。而"想"用得颇为巧妙而富有张力,这是用拟人、夸张和想象的艺术表现手法,侧面摹写出杨贵妃的亮丽容颜和高贵身份。

[清] 禹之鼎 《幽篁坐啸图》

扫一扫，听朗读

竹 里 馆①

[唐] 王维

独坐幽篁②里，
弹琴复长啸③。
深林④人不知，
明月来相照⑤。

注释

①竹里馆：辋川别墅胜景之一，房屋周围有竹林，故名。
②幽篁（huáng）：幽深的竹林。
③长啸（xiào）：撮口而呼，这里指吟咏、歌唱。古代一些超逸之士常用来抒发感情。魏晋名士称吹口哨为啸。
④深林：指"幽篁"。
⑤相照：与"独坐"相应，意思是说，左右无人相伴，唯有明月似解人意，偏来相照。

古诗今读

独自闲坐幽静竹林，时而弹琴时而长啸。
密林之中何人知晓我在这里？只有一轮明月静静与我相伴。

赏析要点

这首小诗总共四句，表现了一种清静安详的境界。全诗浑然天成，就如司空图《诗品·自然篇》中所说，"俯拾即是，不取诸邻，俱道适往，著手成春"，让人进入"薄言情悟，悠悠天钧"的艺术天地。

"独坐幽篁里，弹琴复长啸。"写诗人独自一人坐在幽深茂密的竹林之中，一边弹着琴弦，一边又发出长长的啸声。不论"弹琴"还是"长啸"，都体现出诗人高雅闲淡、超拔脱俗的气质。

"深林人不知，明月来相照。"写诗人自己僻居深林之中，也并不为此感到孤独，因为那一轮皎洁的月亮还在时时照耀自己。这里使用了拟人化的手法，把倾洒着银辉的一轮明月当成心心相印的知己朋友，显示出诗人新颖而独到的想象力。

全诗的格调幽静闲远，仿佛诗人的心境与自然的景致全部融为一体了。可是拆开来看，既无动人的景语，也无动人的情语。且诗的用字造语极平淡无奇；写到景物，只用六个字组成三个词，即"幽篁""深林""明月"，对普照大地的月亮，仅用一个"明"字来形容其皎洁，并无新意巧思可言；写人物活动，也只用六个字组成三个词，即"独坐、弹琴、长啸"，既没有描绘其弹奏舒啸之状，也没有表达其喜怒哀乐之情；对琴音与啸声，更没有花任何笔墨写出其音调与声情，是人人惯用的陈词。

然而它的妙处也就在于以自然平淡的笔调，描绘出清新诱人的月夜幽林的意境，夜静人寂融情景为一体，蕴含着一种特殊的美的艺术魅力，使其成为千古佳品。作为王维《辋川集》中的一首名作，它所显示的是那样一个令人自然而然为之吸引的意境。它不以字句取胜，而从整体见美。它的美在神不在貌，表面看来平平淡淡，似乎信手拈来，随意写去，其实却是独具匠心、妙手回春的大手笔。一个大写的赞！

作者掠影

王维（701~761），唐朝著名诗人，字摩诘，汉族，河东蒲州（今山西运城）人，祖籍山西祁县，有"诗佛"之称。开元九年（721年）中进士，任太乐丞。王维是盛唐诗人的代表之一，今存诗400余首，重要诗作有《相思》《山居秋暝》等。王维精通佛学，受禅宗影响很大。佛教有一部《维摩诘经》，是王维名和字的由来。王维诗书画都很有名，多才多艺，也很精通音乐。与孟浩然合称"王孟"。苏轼评价其："味摩诘之诗，诗中有画；观摩诘之画，画中有诗。"

> 延伸阅读

一朝及第 名动长安

盛世大唐，百花齐放。

开元七年，19岁的王维入京参加京兆试。当时的他以文章知名，而且还精于音律，擅长弹琵琶，已是小有名气的诗人。广泛结交了文人雅士和一些达官贵人。因此得知，备受皇宠的太平公主已命主考官将一同应试的张九皋内定为此次的京兆试"解头"，也就是第一名。

张九皋何许人也？乃是玄宗朝名相张九龄的弟弟，文才非凡，在当时也是个知名人物。

"解头"貌似已花落旁家，王维本想凭真才实学一举夺魁，得知此事后，深感不平。当时的读书人为了能尽快在科场得手，早些进入仕途，往往都要设法接近权贵与名流，以求得他们的誉扬与推荐。王维几番斟酌，拿定了主意，要参加此次进士考试的角逐。他选择接近皇室成员的岐王，并成功以才华博得岐王看重。

岐王非常赏识王维，便为他设法打通关节，争京兆解头。于是岐王如是叮嘱："子之旧诗清越者可录十篇，琵琶新声之怨切者可度一曲，后五日至吾。"岐王让王维先从以往的诗作中选取佳作，抄录成卷，再作琵琶新曲一首。几天之后，王维前来王府。岐王命人拿出一套鲜艳异常的锦绣衣服，让王维穿上，然后让他手持琵琶，俨然一个盛装的乐师。再另叫上几个乐师、歌女，一起来到公主府。

太平公主设宴款待岐王，并安排乐舞助兴。此时，岐王让人将王维传了进来，王维献上一首自谱新曲《郁轮袍》。公主听罢，极口称赞，又见王维年龄最小，面庞洁白，风流洒脱，与众不同，更是赞不绝口。岐王趁机对公主说："此人非止音律，至于词学，无出其右。"说罢便将王维事先抄录好的诗卷奉上，公主阅罢，又是一阵惊奇。因为这些诗篇都是她日常朗诵的诗篇，本以为俱是古人佳作，未料想出自王维笔下。于是让王维换上书生装，坐到首席上去。席间王维举止儒雅，言谈幽默滑稽，倍受在座贵族的青睐。

见状，岐王开口对太平公主说道："近日京兆试，若得此生为解头，诚所谓国之精英。"公主听罢，急忙问为何不让其应举。岐王答："此生不得首荐，所以不愿应试。据传闻贵主已谕京兆试官，将解头拟定为张九皋。"公主听罢，笑道："哪里是我的安排，无非是受人之托罢了。"然后，对王维说：" 此次解头，非你莫属，我当为你助力。" 王维起身拜谢。

京兆试毕，王维得中解头，一举登第，名动长安。

考试链接

1. 解释词语：

幽篁：_____

啸：_____

2. 苏东坡评王维的诗是"诗中有画"，请用生动的语言描绘本诗中所展现的画面。

3. 诗歌表现了诗人怎样的思想感情？能体现诗人思想感情的词语有哪些？

编注者：熊学琼

【参考答案】
1. 幽篁：幽深的竹林　　啸：吹口哨
2. 月夜，诗人独自坐在幽深静谧的竹林里，一边弹琴，一边高声长啸。竹林深深，没有人知道诗人在这里，只有皎洁的明月透过茂密的竹子照射过来，洒在诗人的身上，也洒在诗人的琴上。
3. 表达了诗人宁静、淡泊的心情。也表现了诗人淡泊的生活态度和高雅的生活情趣。词语：独坐、弹琴、长啸。

词牌初识

浣溪沙

1. 词牌介绍：

"浣溪沙"是宋人填词时使用频率最高的词牌。上下片各有 3 句，每句 7 个字。押平声韵，上片 3 句都要押，下片则第一句不用，其余两句要押。通常，第二片的前两句要使用对偶。以字数来说，属于小令，较适合初学者填词。

2. 格律举例：

中仄中平中仄平（韵）。中平中仄仄平平（韵）。中平中仄仄平平（韵）。

中仄中平平仄仄。中平中仄仄平平（韵）。中平中仄仄平平（韵）。

（说明：平，填平声字；仄，填仄声字；中，可平可仄。）

3. 范例：《浣溪沙》（晏殊）

一曲新词酒一杯。去年天气旧亭台。夕阳西下几时回。

无可奈何花落去。似曾相识燕归来。小园香径独徘徊。

[明] 诸念修 《山水》

望江南①

[唐] 温庭筠

扫一扫，听朗读

梳洗罢，独倚②望江楼③。过尽千帆④皆不是，斜晖⑤脉脉⑥水悠悠。肠断⑦白蘋⑧洲⑨。

注释

①望江南：又名"梦江南""忆江南"，原唐教坊曲名，后用为词牌名。
②倚：凭靠。
③望江楼：楼名，因临江而得名。
④帆：借代"船"。
⑤斜晖：日落前的日光。晖，阳光。
⑥脉脉（mò）：含情凝视，情意绵绵的样子。这里形容阳光微弱。《古诗十九首》有"盈盈一水间，脉脉不得语"。后多用以表示含情欲吐之意。
⑦肠断：形容极度悲伤愁苦。
⑧白蘋（pín）：水中浮草，色白。古时男女常采蘋花赠别。
⑨洲：水中的陆地。

古词今读

清晨梳洗完毕，（我）独自一人登上望江楼，倚靠着楼柱，凝望着滔滔江面。上千艘船只过去了，却偏偏不见心上人的归船。太阳的余晖含情脉脉地洒在江面上，江水依旧慢慢地流着，思念的柔肠萦绕在那片白蘋洲上。

赏析要点

这首词刻画了一个满怀深情盼望丈夫归来的思妇形象，充分揭示了她希望落空之后的失望和痛苦心情，表现了诗人对不幸妇女的同情。同时也寄寓着诗人遭受统治阶级排挤，不受重用的悲凉心情，同时也是感慨怀才不遇的作品。

"梳洗罢，独倚望江楼"：交代了时间、地点和人物,同时也点出了离人归来的路线——水路,语言简洁。梳洗、倚楼、眺望等一连串的动作描写,把她那种急切的心情,表现得很逼真、很形象。这里的"梳洗",不仅是指一般的晨妆,它还含有更深一层的意思,就是"女为悦己者容",这容是为了心上人才有意义的打扮,正因为她期望中丈夫会回来,希望他看到自己的美好容貌,所以她才认真梳妆。这表现出她的一片痴情。"独倚"写出思妇打扮得如此俏丽动人又怕人看见,是她羞涩的心理写照,也暗含着现在的孤独,盼望着与丈夫"同登"之意。突出与亲人团聚的迫切之状。

"过尽千帆皆不是,斜晖脉脉水悠悠":写登楼所见。"千帆",说船来往之多,"皆不是",写她失望之甚。"过尽千帆皆不是",表现了她心无遐想、目不旁视,一心只盼望着丈夫归来的专注神情。"斜晖",照应"过尽"二字,点明江上船只"过尽"的原因是因为已近傍晚;又与开头的"梳洗罢"相照应,表现了时间的推移。她已经整整在楼头伫立了一天了!这是对爱情的执着、专一。在这里,脉脉的斜晖与悠悠的江水恰好形成鲜明的对照。夕阳有意,留恋不忍离去,但时近黄昏,流水无情默默无语奔流远去。她满怀深情地期待着丈夫的归来,然而丈夫却悠悠远去,杳无音信。

词的开头两句,着意突出女主人公思念亲人的感情;三四句一跌,又极力描写她希望落空后的凄凉。最后一句"肠断白蘋洲"。这句写得极为自然,感情极为丰富、极为强烈。她顺着那悠悠而去的江水,向远处眺望,是顺着远去的流水寻觅亲人的踪迹?还是托这无情的江水给亲人捎去她的情思?幕然看见了那开满白色蘋花的洲渚,于是把伤心情绪推上了极点,形成了这首小词的感情高潮——"肠断"!古人常把"白蘋洲"作为送别之地的替代词。孟浩然《送元公之鄂渚寻观主张骖鸾》诗云:"赠君青竹杖,送尔白蘋洲。"赵微明《思归》诗云"犹疑望可见,日日上高楼。惟见分手处,白蘋满芳洲。"现在,他们送别分手的地方,有开满白色的蘋花。大自然的春天很快就要逝去了,人的青春能有几时?

这首小词写得朴素自然,开朗清新,并没有刻意求工、雕琢词句,却能含思凄婉,臻于妙境。

作者掠影

温庭筠(约812~866)唐代诗人、词人。本名岐,字飞卿,太原祁(今山西祁县东南)人。富有天才,文思敏捷,每入试,押官韵,八叉手而成八韵,故有"温八叉""温八吟"之称。然恃才不羁，又好讥刺权贵，多犯忌讳，取憎于时，故屡举进士不第，长被贬抑，终生不得志。官终国子助教。精通音律。诗词兼工，诗与李商隐齐名，时称"温李"。其诗辞藻华丽，浓艳精致，内容多写闺情。其词艺术成就在晚唐诸词人之上，为"花间派"首要词人，有"花间鼻祖"之称，对词的发展影响较大。在词史上，与韦庄齐名，并称"温韦"。存词七十余首。后人辑有《温飞卿集》及《金奁集》。

延伸阅读

花间词人温韦的两种风格

花间词奠定了词的基本特质及美学特点，影响深远。在某种意义上，可以说，没有花间词就没有后来的晏殊、欧阳修、柳永、秦观、李清照、苏轼、辛弃疾等诸家。

我国传统诗歌以"言志"为中心，花间词以"缘情"为中心。

在花间词人中也各有各的特点。温庭筠、韦庄虽是同一时代、同一流派的作家但风格也不同。

温庭筠写女人以艳丽的色彩、华丽的辞藻，构成特有"香而软"的风格，把女人的姿色、风情写到尽态极妍的地步。

如《菩萨蛮》中，"小山重叠金明灭"写女子重叠的发髻，闪着金光的首饰，雪白的香腮，双双金鹧鸪的罗襦，一个慵懒、妩媚的贵妇人形象跃然纸上。

温庭筠的词高贵、华丽，词多艳语，富有暗示力。遣词用字复用金玉香雪等富丽堂皇和色调妖冶的词语，使他的词在香艳之外又蒙上一层贵气。

韦庄的词清新淡雅，疏朗生动，浅白如画，多用白描，"不尚词藻，贵在情真"。如他的《菩萨蛮》：人人尽说江南好，游人只合江南老。春水碧于天，画船听雨眠。垆边人似月，皓腕凝双雪。未老莫还乡，还乡须断肠。韦庄《菩萨蛮》共五首，是前后相呼应的组词。这首词为第二篇，采用白描手法，抒写游子春日所见所思，宛如一幅春水图。起二句直言江南美好。"春水"二句承上，一写江南水乡景色美，一写江南民居生活美。下片"垆边"二句进一层写垆边肌肤洁白娇嫩的美女。江南既有"碧于天"的美景，又有"画船听雨眠"的生活，还有双臂洁白如雪的美女，组合成"游人"只应该在江南终老的情意。然而结尾二句转入"未老莫还乡"的深沉感叹之中。词人以避乱入蜀，饱尝离乱之苦，时值中原鼎沸，欲归不能，"还乡须断肠"一句，巧妙地刻画出特定历史环境下的词人思乡怀人的心态，可谓语尽而意不尽。"人人尽说江南好"，是与第三首词的"如今却忆江南乐"对应的，这里，我们要注意的是他所写的"人人尽说"，这其间所隐藏的意思是自己并未曾认为江南好，只是大家都说江南好而已。下面的"游人只合江南老"，也是别人的劝说之辞，远游的人就应该在江南终老，以前王粲《登楼赋》曾说："虽信美而非吾士兮，曾何足以少留"，江山信美，而不是我的故土，我也不愿久留，中国还有句老话："美不美，故乡水；亲不亲，故乡人。"而韦庄这两句词，似直而纡，把怀念故乡欲归不得的感情都委婉地蕴藏在这表面看来非常直率的话中了。"只合"，合者，该也，什么人敢这样大胆地对韦庄说你就该留在江南终老，在江南你是一个游人客子，而却劝你在江南终老，那一定是你的故乡有什么让你不能回去的苦衷，所以才敢劝你在江南终老。

因为韦庄是在中原一片战乱中去江南的，当时的中原如同他在《秦妇吟》中所描写的情景："内库烧为锦绣灰，天街踏尽公卿骨"，在这种情况下，江南人才敢这样径直地劝他留下来。韦庄词的特色，就正在这表面率直而内里千回百转的文字中得到充分体现了。

至此可看出温韦在花间词派中代表了两种不同的风格，可以说"春兰秋菊不同时""浓妆淡抹总相宜"各有千秋，不分轩轾。对后代的婉约派产生了深远的影响。

考试链接

1. 悠悠流水，像绵绵不绝的愁绪，又如一日日逝去的青春年华，涤荡着一段段被大浪淘过的历史。温庭筠《望江南》一词中就有这样情景交融的句子："＿＿＿＿＿＿，＿＿＿＿＿＿。"波渺渺，水依依，以流水之景写出了望穿秋水之情，画面中，仿佛能感受到等待时希望与失望之情交替而至的张力。

2. 温庭筠的诗词辞藻华丽，秾艳精致，其词艺术成就在晚唐词人之上。词中"脉脉""悠悠"有着怎样的表达效果？

3. 本词结尾一句可以算的上是全词的点睛之笔。试联系全词简要分析"断肠"这一情感是如何形成的？

编注者：李 斌

【参考答案】
1. 过尽千帆皆不是　斜晖脉脉水悠悠
2. "脉脉""悠悠"既点出了时间也写出了夕阳余晖下江水悠远的景象，此外这句还暗示了思妇的心情，"脉脉"一词正暗合了她的脉脉之情，而"水悠悠"又象征着他一去不复返的意思。寓情于景，情景交融。
3. "梳洗"在早晨，而"斜晖"在日暮。她自始至终倚楼远眺，可眼前过尽的千帆都不是所盼之船，从希望到失望乃至绝望，怎不令人柔肠寸断、哀婉悱恻？

词牌初识

望江南

1. 词牌介绍：

望江南，又名"忆江南""江南好"等。该词牌名始于朱崖李太尉（德裕）为亡妓谢秋娘所写的词，原名为《谢秋娘》，后改为现在这个词牌名。共二十七个字，三平韵。中间七言两句，以对偶为宜。第二句也有添一个衬字的。宋人多用双调。代表作有温庭筠《望江南·梳洗罢》、苏轼《望江南·超然台作》等。

2. 格律举例：

（1）单调格式

平中仄，中仄仄平平（韵）。中仄中平平仄仄，中平中仄仄平平（韵）。中仄仄平平（韵）。

（2）双调格式

平中仄，中仄仄平平（韵）。中仄中平平仄仄，中平中仄仄平平（韵）。中仄仄平平（韵）。

平中仄，中仄仄平平（韵）。中仄中平平仄仄，中平中仄仄平平（韵）。中仄仄平平（韵）。

（说明：平，填平声字；仄，填仄声字；中，可平可仄。）

3. 范例：

（1）单调格式对照例词：《望江南·春去也》（唐·刘禹锡）

春去也！多谢洛城人。弱柳从风疑举袂，丛兰裛露似沾巾，独坐亦含颦。

（2）双调格式对照例词：《望江南·江南蝶》（宋·欧阳修）

江南蝶，斜日一双双。身似何郎全傅粉，心如韩寿爱偷香，天赋与轻狂。

微雨后，薄翅腻烟光。才伴游蜂来小院，又随飞絮过东墙，长是为花忙。

［明］仇英《高山流水》

夜雨寄北

[唐] 李商隐

扫一扫，听朗读

君①问归期②未有期，
巴山③夜雨涨秋池④。
何当⑤共剪西窗烛⑥，
却话⑦巴山夜雨时。

注释

①君：对对方的尊称，相当于现代汉语中的"您"。
②归期：指归家的日期。
③巴山：指大巴山，坐落在陕西南部和四川东北交界处。这里泛指巴蜀一带。
④涨秋池：秋日的池塘经雨蓄满池水的形貌。
⑤何当：何时，什么时候。
⑥剪西窗烛：剪烛，剪去已经燃焦的烛芯，使烛光明亮。这里是描绘夫妇共倚西窗，秉烛夜谈的画面，委婉表达对远方妻子的深切思念以及相聚夜语的热切盼望。"西窗话雨"、"西窗剪烛"已用作成语，所指已不限于夫妇，可泛指亲友聚谈。
⑦却话：回头说，追述。

古诗今读

你来信问我何时归家，无奈我的归期迟迟难以定下！今夜，巴山夜雨，绵绵不尽，秋水涨满池塘，而我同样心潮难平。什么时候，我能回到家？什么时候，我们俩能一起坐在西窗畔，共剪烛花？那时我们不谈琴棋书画、无关诗剑酒花，而是回过头来相互倾诉今宵巴山雨夜中的绵绵思念。

赏析要点

这首诗所寄何人，历来有友人和妻子两说。前者认为李商隐居留巴蜀期间，正是在他三十九岁至四十三岁做东川节度使柳仲郢幕僚时,而在此之前,其妻王氏已亡。故认为在此之前李商隐已有过巴蜀之游。也有人认为它是寄给"眷属或友人"的。但从诗歌中所表现出深切的思念和缠绵幽婉的情感来看,解为寄给妻子更为贴切。

"君问归期未有期",甫一开始,诗人就摆出了不可调和的矛盾。盼归询归的期望与未有归期的失望,两相对立。首句即流露出离别之苦和思念之切,哀婉凄怆的情感氛围,笼罩全篇。

"巴山夜雨涨秋池"表面是诗人告诉妻子自己身居的环境,其实是传达幽微的愁绪。秋山夜雨,总是唤起离人的愁思,诗人用这两个寄人离思的意象来表达他对妻子的无限思念。仿佛能使人想象:在某个秋雨缠绵的夜晚,池塘蓄满的秋水,就像诗人胸中饱涨的愁思。独自倚门凝思,诗人或许遥想此刻妻子在家中的生活情境,或许回忆他们从前在一起的美好生活,而今夜只能一个人咀嚼自己所有的无奈与孤独。这是实写身居之所秋夜情景。

"何当共剪西窗烛,却话巴山夜雨时",这两句是虚写,是诗人对未来团聚时的幸福想象。身负枷锁,不能速归,满腹的思念,只能寄托于将来。那时诗人返回故乡,同妻子在西窗下喁喁私语,情深意长,夜深未眠,以至蜡烛结出了蕊花。他们剪去蕊花,仍有叙不完的离情,言不尽重逢的喜悦。这想象为诗中增添了一段欢欣和一丝亮色。然而,这种欢欣只是一种难以卜料的期待,反而又加剧了眼前"归期未有期"的痛苦。我们可以感受到诗人的情感的起伏、跳跃,从失落孤独到满怀希望与幸福到再次回落到无奈惆怅。尽管如此,这首诗的情感是和谐统一的,最终留给读者的还是难以抹去的忧伤。这也是整首诗歌情感的主旋律,缓慢而悠长的哀伤。

这首诗语言朴素流畅,情感深挚动人。"巴山夜雨"首末皆有出现,却未嫌重复。而是恰好构成了音调与章法的回环往复之妙,恰切地表现了时间与空间回环往复的意境之美,达到了内容与形式的完美结合。"何当"紧扣"未有期",有力地表现了作者思归的急切。

叶嘉莹先生曾说:"李商隐一生不得意,一直陷在党争之中,一生被排挤,一生离家在外。"《夜雨寄北》中虽然有些欢欣的时光,但总的看来,也是感伤的。只是这种感伤表现得很曲折、很深沉。一句"巴山夜雨涨秋池",隐含了多少丰富的潜台词。这里似乎不仅仅是由于夫妻分离而感到的痛苦,实在是深深包含了诗人此时此地回顾一生的哀愁,隐含着诗人对于现实的愤懑与绝望。

作者掠影

李商隐（约813～约858），唐代著名诗人。字义山，号玉谿生，又号樊南生。作品收录为《李义山诗集》。他是晚唐最出色的诗人之一，与杜牧合称"小李杜"，与温庭筠合称为"温李"，因诗文与同时期的段成式、温庭筠风格相近，且三人都在家族里排行第十六，故并称为"三十六体"。其诗构思新鲜奇巧，风格纤婉秾丽，尤其是一些爱情诗和无题诗写得缠绵悱恻，优美动人，但部分诗歌过于隐晦迷离，难于索解，以至于有"诗家总爱西昆好，独恨无人作郑笺"之说。因处于牛李党争的夹缝之中不能自拔，一生遂不得志。死后葬于家乡沁阳（今河南焦作市沁阳市与博爱县交界之处）。

延伸阅读

月夜

[唐] 杜甫

今夜鄜州月，闺中只独看。遥怜小儿女，未解忆长安。

香雾云鬟湿，清辉玉臂寒。何时倚虚幌，双照泪痕干。

这首诗借望月而抒离情，题为"月夜"，字字都沾染了月色，而以"独看"、"双照"对比为一诗之眼。"独看"是现实，却从对面落笔，只写妻子"独看"鄜州之月而"忆长安"，而自己的"独看"长安之月而忆鄜州，已包含其中。诗歌采用这种从对方设想的方式，妙在从对方那里生发出自己的感情，这种方法尤被后人当作法度。此诗抒发的不仅仅是寻常状态夫妇的离别之情，更多表现出了时代的特征，离乱之痛和焚心之忧熔于一炉，对月惆怅，浩叹深思。"双照"兼包回忆与希望：感伤"今夜"的"独看"，回忆往日的同看，而把并倚"虚幌"（薄帷）的希望寄托于不知"何时"的未来。"何时倚虚幌，双照泪痕干"句与李商隐"何当共剪西窗烛，却话巴山夜雨时"况味何其相似，有异曲同工之妙。全词词旨深婉，章法绵密，明白晓畅，感情深挚。

考试链接

1. 对《夜雨寄北》的理解不正确的一项是
（　）

A. "君问归期未有期"，表达思归而不得的无奈，流露出离别之苦和思亲之切。

B. "巴山夜雨涨秋池"，写秋日的池塘经雨蓄满池水的凄凉，暗写自己的孤寂凄冷。

C. "何当共剪西窗烛"何时我们能一起坐在西窗畔共剪烛花,是指对与妻子促膝深谈的深切期盼。

D. 诗中最后两句是实写自己的经历，诗人曾经与妻子西窗剪烛，夜深共话。

2. 《夜雨寄北》诗中写思归而不得的愁苦之情的诗句是：_____，_____；写出了对未来欢聚的向往之情的诗句是：_____，_____。

3. 简析诗中"涨"字的妙处。

编注者：黄世新

【参考答案】
1. D　最后两句是对未来团聚时的幸福想象，属于虚写。
2. 君问归期未有期　巴山夜雨涨秋池　何当共剪西窗烛　却话巴山夜雨时
3. "涨"是"涨满"之意，巴山夜雨，绵绵不尽，秋水涨满池塘。"涨"字既写出巴山水注满秋池的夜雨景象，又流露出羁旅之愁与思归不得之愁苦，从而衬托出诗人深重绵长的客思。用词准确生动，富于动态感和连续性。

［宋］ 佚名 《寒鸦图》

天净沙·秋思

〔元〕马致远

枯藤①老树昏鸦②，小桥流水人家③，古道④西风⑤瘦马⑥。夕阳西下，断肠人⑦在天涯⑧。

扫一扫，听朗读

注释

①枯藤：枯萎的枝蔓。
②昏鸦：黄昏时归巢的乌鸦。昏，傍晚。
③人家：农家。
④古道：已经废弃不堪再用的古老驿道（路）或年代久远的驿道。
⑤西风：寒冷、萧瑟的秋风。
⑥瘦马：骨瘦如柴的马。
⑦断肠人：形容伤心悲痛到极点的人，此指漂泊天涯、极度忧伤的旅人。
⑧天涯：远离家乡的地方。

古曲今读

天色渐入黄昏，一群乌鸦落在枯藤缠绕的老树上，发出凄厉的哀鸣。路过小桥时，桥下流水哗哗作响，只见一旁的农家小院炊烟袅袅。

宽阔的古道上，我牵着一匹瘦马，顶着凛冽的西风艰难地前行。抬眼望去，夕阳洒下一抹余晖，渐渐地从西边落下。凄寒之中，只有孤独的旅人漂泊在遥远的他乡。

赏析要点

"枯藤老树昏鸦，小桥流水人家"营造一种冷落暗淡的气氛，又显示出一种清新幽静的境界，这里的枯藤、老树给人以凄凉的感觉；昏，点出时间已是傍晚；小桥流水人家给人感到幽雅闲致。十二个字勾勒出一幅深秋僻静的村野图景。

"古道西风瘦马"一句，诗人描绘出了一幅秋风萧瑟、苍凉凄苦的画面，为僻静的村野图又增加一层荒凉感。这是最后一个意象"夕阳西下"，是全曲的大背景，它将前九个意象全部统摄起来，造成一时多空的场面。由于它本身也是放远目光的产物，因此作品在整体上也表现出由近及远的空间排列顺序。夕阳西下使这幅昏暗的画面有了几丝惨淡的光线，更加深了悲凉的气氛。诗人把十种平淡无奇的客观景物，巧妙地连缀起来，通过"枯、老、昏、古、西、瘦"六个字，将诗人的无限愁思自然地寓于图景中。

最后一句"断肠人在天涯"是点睛之笔，这时在深秋村野图的画面上，出现了一位漂泊天涯的游子，在残阳夕照的荒凉古道上，牵着一匹瘦马，迎着凄苦的秋风，步履蹒跚，愁肠绞断，却不知自己的归宿在何方，透露了诗人怀才不遇的悲凉情怀，恰当地表现了主题。

这首小令采取寓情于景的手法来渲染气氛，显示主题，完美地表现了漂泊天涯的旅人的愁思。

作者掠影

马致远（1250～1321），元代散曲家、戏曲作家。字千里，号东篱，大都（今北京）人。他是一位"姓名香贯满梨园"的著名作家，又是"元贞书会"的重要人物，与关汉卿、郑光祖、白朴并称为"元曲四大家"，被尊称为"曲状元"，在元代的文学史上具有极高的声誉。马致远著有杂剧十五种，存世的有《江州司马青衫泪》《破幽梦孤雁汉宫秋》《吕洞宾三醉岳阳楼》《半夜雷轰荐福碑》《马丹阳三度任风子》《开坛阐教黄粱梦》《西华山陈抟高卧》七种。马致远的散曲作品也负盛名，现存辑本《东篱乐府》一卷，收入小令104首，套数17套。

延伸阅读

马致远的故事

马致远在年少时候非常好学、上进。被马氏后人以及所有的后人津津乐道，并在茶余饭后的笑谈之中警示自己的子孙后代，向之看齐。

据说马致远最开始的名字叫作视远。在自己的家乡就非常的聪明、好学，已经在当地小有名气。为了自己的前程，马致远想要离家去远处学习。临走之前他来到了县城的铁佛寺来拜佛。当时那个寺庙的香火非常兴盛，里边的僧人也非常多，长老的学问特别高。

　　拜完铁佛之后,马致远求见了寺庙的长老。说,我叫视远,想要求学,无奈我的家里非常的贫穷。希望长老能赐教,我想要增长学问。长老看见他非常好学,便和他交谈,教诲他说:非淡泊无以明志,非宁静无以致远。你既然在东篱出生,志在千里。将来一定能成大器。但是一定记住,不能图富贵,要为了百姓黎民做事。从此之后,马致远将名字的视远改成了致远,号称东篱。

　　马致远前期的仕途并不顺利。但是欣慰的是,他闲暇时候创作的杂剧和散曲非常的有名,还有他自己都始料未及的就是,他本人取得的文学成就让自己的家人躲过一场灾难。

　　明初年间,发生了历史上有名的靖难之役,让河北、河南、山东的百姓惨遭杀害,民不聊生,许多地方都是白骨森森。据说燕王曾经学过马致远的杂剧和散曲,对马致远很崇敬。而东光是马致远的故乡,便下令,逢姓马的不杀,因此保全了一家老小的性命。

考试链接

1. 《天净沙·秋思》是一首散曲中的_____。天净沙是_____,秋思是散曲的_____。

2. 《天净沙·秋思》作者_____,是_____代著名_____作家、_____家。他与_____、_____、_____被称为"杂剧四大家"。他的《天净沙·秋思》被称为"_____"。

3. 全曲中,暗含题中"秋"字的三个最直接的景象是:_____、_____、_____,与"夕阳"相呼应的是:"_____",与"天涯"相呼应的是:"_____",最能触发旅人(游子)思乡之情的景物是:"_____"。体现"思"字的一句是:"_____。"

4. 对这首曲的赏析,不恰当的一项是(　　)

A. 前三句十八个字,写了九种景物,有静有动、有声有色,而加在名词前的定语则体现了诗人对那些景物的独特感受。

B. 这首小令,写景由近到远,感情抒发由浅入深,开头一句"枯藤老树昏鸦"是诗眼。

C. 这是一幅秋景图,又是一幅绝妙的秋思图。图中有景有人,人和景都是经过作者精心选择的,最能表现"秋思"。

D. 这首小令用极有限的字句,塑造了极丰富的意象;人与物结合,情与景交融,有一种动人心魄的力量。

编注者:王 莹

【参考答案】
1. 小令　曲牌名　题目
2. 马致远　元　戏曲　散曲　关汉卿　王实甫　白朴　秋思之祖
3. 枯藤　老树　西风　昏鸦　古道　人家　断肠人在天涯
4. B

词牌初识

天净沙

1. 词牌介绍:

天净沙,越调曲牌名,又名"塞上秋",用于剧曲、套曲或小令。全曲共五句二十八字,第一、二、三、五句每句六字,除第四句四字。要求句句押韵,其中第一、二、五句为平韵,第三、四句为仄韵,第一、二、五句平仄完全相同。代表作有马致远《天净沙·秋思》等。

2. 格律举例:

中中仄仄平平(韵),仄平平仄平平(韵),仄仄平平仄仄(韵)。中平中仄(韵),仄平平仄平平(韵)。

(说明:平,填平声字;仄,填仄声字;中,可平可仄。)

3. 范例:马致远《天净沙·秋思》

枯藤老树昏鸦,小桥流水人家,古道西风瘦马。夕阳西下,断肠人在天涯。

［明］ 戴进 《山水人物图》

峨眉山月歌

〔唐〕李白

扫一扫,听朗读

峨眉山①月半轮秋②,
影③入平羌④江水流。
夜发清溪⑤向三峡⑥,
思君不见下渝州⑦。

注释

①峨眉山:四川省乐山市峨眉山市境内,是中国"四大佛教名山"之一。
②半轮秋:秋日残月,即上弦月或下弦月。
③影:月影或月光的影子。
④平羌:江名,即今青衣江,在峨眉山东北。源出四川芦山,流经乐山汇入岷江。
⑤清溪:指清溪驿,在四川犍为县峨眉山附近。
⑥三峡:指长江瞿塘峡、巫峡、西陵峡,今在四川、湖北两省的交界处。一说指四川乐山的犁头、背峨、平羌三峡,清溪在黎头峡的上游。
⑦渝州:今重庆一带。

古诗今读

秋色渐浓,残月悬空,我独泛小舟,顺平羌江离开蜀地,顺流而下。月儿似乎知我离乡愁思,亦将影儿投入江水之中,似好友一般,伴我远行。船儿却不知我心,从清溪驿直奔三峡,沿途月儿总在两岸高山遮挡中忽隐忽现,更勾起我内心的不舍与依恋。故乡的月儿啊,眨眼不见,我便要远离故土亲友,直下渝州。这叫我怎能不心生眷恋呢?

赏析要点

此诗为李白于开元十三年（725年）出蜀途中所作，是其早期作品。诗意明朗，语言浅近，音韵流畅。意境优美，自然天成，为李白脍炙人口的名篇之一。

"峨眉山月半轮秋，影入平羌江水流"：诗从"峨眉山月"写起，点出了远游的时间是在秋天。以"秋"字形容月色之美，而月呢，只有"半轮"，就会使读者联想到青山吐月的优美意境。第二句中的"影"指月影，而其中的"入"和"流"，表示月影映入江水，又随江水流去。大量的生活经验告诉我们，站住不动观察水中的月影，任凭江水怎样流，月影却是岿然不动的。"月亮走，我也走"，只有观者顺流而下，才会看到"影入江水流"的妙景。所以此句不仅写出了月映清江的美景，同时暗点秋夜行船之事，意境可谓空灵绝妙。

"夜发清溪向三峡，思君不见下渝州"：清溪驿在四川犍为县，三峡为瞿塘峡、巫峡、西陵峡的合称。诗人从清溪驿上船，向三峡进发，这是两个实际的地名，虽然相距遥远，然而舟行江上，一水相连，所以，在感觉上并不觉得遥远。况且年轻的李白此次出蜀属于"仗剑去国"，内心豪壮之情存留心间，又怎觉相距遥远呢？但"辞亲远游"，乍离故土，对故园故人不免心生不舍，江行见月，如见故人，"月是故乡明"之感油然而生。然明月毕竟不是故人，况此时正远离故土，只能是"举头望明月""寄情千里光"。尾句中的"君"字，有两种不同的理解，一种说法是实有其人，是指李白在即将离开家乡时的亲友。那么，这句的意思是说，这次出游时，很想再见一见蜀中的亲友，但是却未能如愿，最终只好带着遗憾离开了。另一种解释是指"月亮"，意思是说从峨眉山出发，一路顺流而下，经平羌江、清溪、三峡至渝州，有乡月相伴，更勾出了诗人念乡思人之情。我以为，还是后者较为空灵。理由为，全诗中除"峨眉山月"外，几无景物描写，除"思君不见"外，似未见言情达意，但我们读得"思君不见下渝州"时，却是"纸短情长"，别情无限了。深思之，不就是"峨眉山月""影入平羌"这一无处不在、上下相伴的明月形象，既融入了诗人因远离家乡的那份难舍情怀，又凸显了诗人对亲情，对友情可亲而不可近、可望而不可及的眷恋之情。此情，难以名状，只能"寄愁心"与明月，尽显无限感伤！

作者掠影

李白（701~762），唐朝伟大诗人，字太白，祖籍陇西成纪，隋末其先人流寓碎叶（今吉尔吉斯斯坦北部托克马克附近），幼时随父迁居绵州昌隆县（今四川江油）青莲乡，所以自称青莲居士，二十五岁起"辞亲远游"，仗剑出蜀，天宝初供奉翰林，因遭权贵谗毁，仅一年余即离开长安。安史之乱中，曾为永王璘幕僚，因璘败囚浔阳狱，远谪夜郎，中途遇赦东还。

晚年投奔其族叔当涂令李阳冰，后卒于当涂，葬龙山。唐元和十二年（817年），宣歙池观察使范传正根据李白生前"志在青山"的遗愿，将其墓迁至青山。现存其诗990多首，有《李太白文集》三十卷行世。他的诗作"集无定卷，家家有之"，为中华诗坛第一人。

延伸阅读

李白和杜甫诗风之别

李白为浪漫主义代表诗人，而杜甫是现实主义代表诗人。

李白诗歌的风格形成于唐帝国最强盛的年代，以抒发个人情怀为中心，咏唱对自由人生以及对个人价值的渴望与追求。

杜甫的诗歌风格形成于安史之乱时期并在颠沛苦难中逐渐成形。杜甫深入社会并关心政治和民生疾苦，重视写实。他背负着对国家和民族任务的沉重负担，忠实描绘时代的面貌和自己内心的感受。

李白擅长古歌行体，擅长五七绝句，他性格自由奔放使他不拘于格律音韵；杜甫精于音律，擅长铺陈排比。因此律诗，尤其是七律是他的长处。所以，李白的诗飘逸豪迈，直抒胸臆多，乐则大笑，悲则大嚎；杜甫的诗含蓄曲折，情感细腻，沉郁顿挫，言必忧国。

李白热爱现实生活中的一切美好事物，而对不合理现象毫无顾忌地投之以轻蔑；杜甫则始终以严肃的悲悯的心情注视并关心着国家和人民的命运！

考试链接

1. 请用生动的语言描绘"峨眉山月半轮秋，影入平羌江水流"所展示的画面。

2. 第二句诗用"入""流"两个动词写出了峨眉山月怎样的一种"动"中之景？

编注者：张雄雄

【参考答案】
1. 峨眉山巍峨耸立，半轮淡淡的秋月悄然悬挂在山头，月亮的影子倒映在平羌江面上，如一块碧玉晶莹可爱，江水流动，月影也随着江水前行。
2. 月影映入江水，又随江水流去，不仅写出了月映清江的美景，同时暗点秋夜行船之事。

词牌初识

长相思

1. 词牌介绍：

长相思，又名"吴山青""相思令"等。以白居易词《长相思·汴水流》为正体，双调三十六字，前后段各四句三平韵一叠韵。另有三十六字前段四句三平韵一叠韵，后段四句三平韵，三十六字前后段各四句四平韵等变体。代表作有纳兰性德《长相思·山一程》等。

2. 格律举例：

中中平（韵），仄中平（韵）。平仄平平仄仄平（韵），平平仄仄平（韵）。

仄平平（韵），中平平（韵）。仄仄平平平仄平（韵），仄平平仄平（韵）。

（说明：平，填平声字；仄，填仄声字；中，可平可仄。）

3. 范例：《长相思·汴水流》

汴水流，泗水流。流到瓜州古渡头，吴山点点愁。

思悠悠，恨悠悠。恨到归时方始休，月明人倚楼。

[清] 梅清 《仿古山水》（之三）

秋词（其一）

[唐] 刘禹锡

自古逢①秋悲寂寥②，
我言秋日胜春朝③。
晴空一鹤排④云上，
便引诗情到碧霄⑤。

扫一扫，听朗读

注释

①逢：遇到。
②寂寥：冷清萧条。
③春朝：春天。
④排：推开，有冲破的意思。
⑤碧霄：蓝天。

古诗今读

自古以来每逢到了秋天，人们总是在悲叹秋天的冷清萧条，我却认为秋天要比春天更胜一筹。在晴朗的天空中，一只仙鹤推开云雾冲上九霄，这就将我的诗情引到蓝天之上。

赏析要点

这首诗是唐朝著名诗人刘禹锡被贬朗州后所作，这首诗的可贵，在于诗人对秋天的感受与众不同，一反过去文人悲秋的传统，唱出了昂扬的励志高歌，赞美了秋天的开阔明丽，反映出诗人乐观情绪和不屈的斗志。

诗的前两句，先弃"逢秋悲寂寥"的常情，后立"秋日胜春朝"的新见，气势不凡；后两句直接推出"证据"——"晴空一鹤排云上"的明丽秋景，引出豪迈的诗情。谁能说这不是最完美的"论证"呢？仔细品读，约略能感觉到诗中隐含诗人因支持变法屡遭贬谪、愈挫愈奋的豪壮情怀。

"自古逢秋悲寂寥"：诗人开篇，即以议论起笔，断然否定了前人悲秋的观念，表现出一种激越向上的诗情。首句即明确指出自古以来，人们每逢到了秋天就感叹秋天的寂寞萧索。"自古"和"逢"，极言悲秋的传统看法的时代久远和思路模式的顽固。

"我言秋日胜春朝"："我言"，直抒胸臆，态度鲜明，说出的是诗人的自信，这种自信，尽管染上的是一种不幸的色彩，然而，诗人阔大的胸襟却非凡地溶解了这种不幸。"秋日胜春朝"，用对比手法，热情赞美秋天，说秋天比那万物萌生，欣欣向荣的春天更胜过一筹，这是对自古以来那种悲秋的论调的有力否定。

"晴空一鹤排云上"："这句选择了典型事物，具体生动地勾勒了一幅壮美的秋天晴空画面。诗人抓住秋天"一鹤凌云"这一别致的景观描绘，展现的是秋高气爽、万里晴空、白云飘浮的开阔景象。那凌云的鹤，也载着诗人的诗情，一同遨游到了云霄。

虽然，这鹤是孤独的，然而它所呈现出来的气势，却是非凡的。一个"排"字，所蕴含的深意，尽在不言中了。也许，诗人是以"鹤"自喻，也许是诗人视"鹤"为不屈的化身。这里，有哲理的意蕴，也有艺术的魅力，发人深思，耐人吟咏。这幅画面是对"秋日胜春朝"的生动注脚。

"便引诗情到碧霄"：这句紧接上句直接抒写自己的感受，看到这一壮美的情境，作者心中那激荡澎湃的诗情勃发出来，也像白鹤凌空一样，直冲云霄了。字里行间，作者那乐观的情怀、昂扬的斗志呼之欲出。如果说，上句侧重写秋的"形美"，那么这句则突出秋的"神韵"，使"秋日胜春朝"的观点表现得更鲜明，更有力度。

"晴空一鹤排云上，便引诗情到碧霄。"它给予读者的，不仅仅是秋天的生机和素色，更多的是一种高扬的气概和高尚的情操。读这样的诗，洋溢在我们心头的，绝非什么悲凉的气息，我们随着诗人的"诗情"，借助诗人想象的翅膀，天马行空般驰骋于碧空之上。于是，鹤飞之冲霄，诗情之旷远，"实"和"虚"便融合在了一起，所获得的全然是一种励志冶情的美的感受。

作者掠影

刘禹锡（772~842），中唐著名诗人，字梦得，洛阳（今属河南）人，人称"诗豪"。他自称是汉代中山靖王之后，曾任监察御史，是王叔文政治改革集团的一员。他的家庭是一个世代以儒学相传的书香门第。政治上主张革新，后来永贞革新失败被贬为朗州司马（今湖南常德）。据湖南常德历史学家、收藏家周新国先生考证，刘禹锡被贬为朗州司马期间，写了著名的"汉寿城春望"。著有《陋室铭》《金陵五题》《秋词》《酬乐天扬州初逢席上见赠》等等。

延伸阅读

秋词（其二）

（唐）刘禹锡

山明水净夜来霜，数树深红出浅黄。
试上高楼清入骨，岂如春色嗾人狂。

这首诗前二句写秋天景色，诗人只是如实地勾勒其本色，显示其特色，明净清白，有红有黄，略有色彩，流露出高雅闲淡的情韵，泠然如文质彬彬的君子风度，令人敬肃。若你不信，试上高楼一望，便使你感到清澈入骨，思想澄净，心情肃然深沉，不会像那繁华浓艳的春色，教人轻浮若狂。末句用"春色嗾人狂"反比衬托出诗旨，点出全诗暗用拟人手法，生动形象，运用巧妙。

刘禹锡这两首《秋词》诗的可贵，在于诗人对秋天和秋色的感受与众不同，一反过去文人悲秋的传统，唱出了昂扬的励志高歌。两首《秋词》主题相同，但各写一面，既可独立成章，又是互为补充。其一赞秋气，其二咏秋色。气以励志，色以冶情。所以赞秋气以美志向高尚，咏秋色以颂情操清白。景随人移，色由情化。景色如容妆，见性情，显品德。春色以艳丽取悦，秋景以风骨见长。这两首《秋词》给予人们的不只是秋天的生气和素色，更唤醒人们为理想而奋斗的英雄气概和高尚情操，获得深刻的美感和乐趣。

考试链接

1. 历代文人为了抒发"悲秋之情"，常借助那些事物？

2. "晴空一鹤排云上"描绘了一幅怎样的画面?
3. 本诗表达了作者什么思想感情?

编注者：李　香

【参考答案】
1. 落叶、悲鸿、衰草、枯木等。
2. 在秋日晴空中，一鹤凌空而去，冲破了秋天的肃杀氛围，画面积极乐观。
3. 表达作者乐观豪迈、锐意进取的人生态度。

词牌初识

定风波

1. 词牌介绍：

定风波，又名"卷春空""定风波令"等。以欧阳炯词《定风波·暖日闲窗映碧纱》为正体，双调六十二字，前段五句三平韵两仄韵，后段六句四仄韵两平韵。另有双调六十三字，前段五句三平韵两仄韵，后段六句四仄韵两平韵；双调六十字，前段五句三平韵两仄韵，后段五句两平韵两仄韵；双调六十字，前后段各五句两平韵两仄韵等变体。代表作有苏轼《定风波·莫听穿林打叶声》等。

2. 格律举例：

中仄平平中仄平(韵)，中平中仄仄平平(韵)。中仄中平平中仄（韵），中仄（韵），中平中仄仄平平（韵）。

中仄中平平仄仄（韵）。中仄（韵），中平中仄仄平平（韵）。中仄中平平仄仄（韵），中仄（韵），中平中仄仄平平（韵）。

（说明：平，填平声字；仄，填仄声字；中，可平可仄。）

3. 范例：《定风波·暖日闲窗映碧纱》

暖日闲窗映碧纱，小池春水浸明霞。数树海棠红欲尽，争忍，玉闺深掩过年华。

独凭绣床方寸乱。肠断，泪珠穿破脸边花。邻舍女郎相借问，音信，教人羞道未还家。

[清] 曹庚 《摄山栖霞寺图卷》

潼关①

[清] 谭嗣同

终古高云簇此城，
秋风吹散马蹄声。
河流大野犹嫌束，
山入潼关不解②平。

扫一扫，听朗读

注释

①潼关：在今陕西，关城地势险峻，自古即为要塞。
②解：懂得。

古诗今读

　　这位英气勃发的少年，骑马登上半山间的潼关古道，傍山临河，乘兴前进，任清脆的马蹄声被猎猎西风吹散、吹远，飞入滚滚的云涛里。大概从古到今，这巍峨的雄关就被白云团团簇拥着，一直不曾解围吧？

赏析要点

　　伟大的壮观还在更高更远的地方。潼关地处陕西、山西、河南三省交界点，南邻华山群峰，东望豫西平原。诗人立马城关，眼见黄河从北面高原峡谷奔腾怒吼而来，到悬崖脚下猛然一转弯，奔向平坦广阔的原野，但气势却不见缓和，好像仍嫌河床箍得太紧；而那连绵不断的山峰，在关东并不怎样惹眼，刚入潼关便突兀而起，耸入云天，一座座争奇斗险，唯恐自己显得平庸！

　　自然，所谓大河"犹嫌束"、群山"不解平"，全是黄河、华山的磅礴气势在诗人心理上所引起的感应，反映着这位少年诗人豪迈奔放的激情和冲决封建束缚、追求思想解放的愿望，而这愿望，这激情，同当时神州大地上正在崛起的变革图强的社会潮流，是完全合拍的。

十九世纪末叶，在我国历史上，是一个民族危机空前严重的时代，也是一个民族精神空前高扬的时代。透过少年谭嗣同这首充满浪漫主义精神的山水绝句，我们仿佛听到一个迅速临近的新时代的脚步声。

作者掠影

谭嗣同（1865~1898），中国近代资产阶级著名的政治家、思想家，维新志士。字复生，号壮飞，湖南浏阳人，他主张中国要强盛，只有发展民族工商业，学习西方资产阶级的政治制度。公开提出废科举、兴学校、开矿藏、修铁路、办工厂、改官制等变法维新的主张。写文章抨击清政府的卖国投降政策。1898年参加领导戊戌变法，失败后被杀，年仅三十三岁，为"戊戌六君子"之一。代表作品《仁学》《寥天一阁文》《莽苍苍斋诗》《远遗堂集外文》等。

延伸阅读

谭嗣同轶事

一、剑胆琴心

在浏阳乃至中国的历史上，维新志士谭嗣同都是一个顶天立地的伟丈夫，他为戊戌变法慷慨赴义的壮举感召日月。但很多人都不知道，谭嗣同从少年时代起，就有"剑胆琴心"的雅号。在才常路的"谭烈士专祠"里，曾经有一幅谭嗣同摄于南京的照片，那年他32岁，外穿月白色长衫，内着玄色武士装，左手叉腰，右手持剑，浓眉俊目，闪闪似电，有一种立如山岳、傲视死神的凛然正气。谭嗣同短暂的一生中，两剑三琴陪伴他度过了不少苍茫岁月。

二、佛学彗星

在中国历史上，有两个人被誉为"佛学彗星"，一个是东晋时期鸠摩罗什的弟子僧肇，他只活了三十岁，但却留下一部佛学经典之作《肇论》，奠定其在佛教史上不可撼动的地位；另一位是晚清的谭嗣同，他活了三十三岁，但却赋佛学予现代的精神。如果说僧肇是"理论佛学"，那么谭嗣同却为现代人开拓了"应用佛学"的领域，将佛法精神贯注于现实社会，使大乘佛教走出深深锁居的围墙，重现其刚健雄猛的精神。

谭嗣同即生于中华大地千百年来未尝经历之严峻时刻，外辱内乱，踩躏着流离失所的黎民苍生，而此间此刻，佛法的悲悯的关怀，体现在哪些佛教徒身上呢？举目所望，诚令人大失所望，若佛法只是一种心性上的象牙塔，而非体用于社会之改善，那么其鼓吹的平等无差别，势必成为苍白的字眼。谭嗣同正是于此种现状下，挥舞佛学之剑，披荆斩棘、勇往直前地开拓出一条指向社会人生的佛法之路。

三、乡邻撰联

有湘人余德泉撰写对联："壮矣，维新欲杀贼而未回天，终成国恨；快哉！喋血屹昆仑以昭肝胆，长醒吾民。"正是化用了那首《狱中题壁》的诗意。

"去留肝胆两昆仑"中的"去留"可以作死生讲，嵇康的《琴赋》有"委天命兮任去留"，陶渊明的《归去来兮辞》有"曷不委心任去留"，无论生还是死，自己都是堂堂正正的中国人；也有人认为"去留"不是"去"和"留"两个对比的意思，而是要留下什么。

"去留肝胆两昆仑"是谭嗣同谭公临刑之前抒发的绝唱。意谓是我生为变法而生，死为变法而死，一生一死是一副忠肝义胆，像昆仑那样高耸，谭公生如昆仑，死如昆仑。"谭在狱中，意气自若，终日绕行室中，拾地上煤屑，就粉墙作书，问何为，笑曰：作诗耳。"

考试链接

1. 用自己的语言说一说"终古高云簇此城，秋风吹散马蹄声"所描写的景象。
2. 这首诗表达了作者什么样的思想感情？

编注者：林新杰

【参考答案】
1. 天空中翻卷着一团团云雾，异峰突起，久远的高云簇拥着潼关古城，那景象壮阔极了。一阵阵猎猎的秋风吹来，将清脆的马蹄声吹散了，古城又显出了它的寂寞。
2. 对王朝更替兴亡的感慨，对广大被压迫人民的同情。

［明］ 唐寅 《空山长啸图卷》

望月怀远

[唐] 张九龄

海上生明月，天涯共此时。
情人怨遥夜①，竟夕②起相思。
灭烛怜③光满，披衣觉露滋④。
不堪盈手⑤赠，还寝梦佳期。

注释

①遥夜：长夜。
②竟夕：终宵，即一夜。
③怜：爱。
④滋：生。
⑤盈手：双手捧满之意。盈，满（指那种充盈的状态）。

古诗今读

茫茫的海上升起一轮明月，此时你我都在天涯共相望。

有情之人都怨恨月夜漫长，整夜里不眠而把亲人怀想。

熄灭蜡烛怜爱这满屋月光，我披衣徘徊深感夜露寒凉。

不能把美好的月色捧给你，只望能够与你相见在梦乡。

赏析要点

这首诗是唐代诗人张九龄的作品。此诗是望月怀思的名篇，是张九龄在离乡时，望月而思念远方亲人而写的。

"海上生明月"，意境雄浑阔大，是千古佳句。它和谢灵运的"池塘生春草"，鲍照的"明月照积雪"，谢朓的"大江流日夜"以及作者自己的"孤鸿海上来"等名句一样，看起来平淡无奇，没有一个奇特的字眼，没有一分点染的色彩，脱口而出，却自然具有一种高华浑融的气象。这一句完全是景，点明题中的"望月"。

"天涯共此时"，由景入情，转入"怀远"。此前与此相似的有谢庄《月赋》中的"隔千里兮共明月"，此后有苏轼《水调歌头·明月几时有》词中的"但愿人长久，千里共婵娟"，都是写月的名句，其旨意也大抵相同。但由于各人以不同的表现方法，表现在不同的体裁中，谢庄是赋，苏轼是词，张九龄是诗，相体裁衣，各极其妙。这两句把诗题的情景全部收摄，又毫不费力，乃是张九龄作古诗时浑成自然的风格。

"情人怨遥夜，竟夕起相思"，从月出东方直到月落乌啼，是一段很长的时间，诗中说是"竟夕"，亦即通宵。这通宵的月色对一般人来说，可以说是漠不相关的，而远隔天涯的一对情人，因为对月相思而久不能寐，只觉得长夜漫漫，故而落出一个"怨"字。这两句，就以怨字为中心，以"情人"与"相思"呼应，以"遥夜"与"竟夕"呼应，上承起首两句，一气呵成。

"灭烛怜光满，披衣觉露滋"，竟夕相思不能入睡，或许是怪屋里烛光太耀眼，于是灭烛，披衣步出门庭，光线还是那么明亮。这天涯共对的一轮明月竟是这样撩人心绪，使人见到它那姣好圆满的光华，更难以入睡。夜已深了，气候更凉了，露水也沾湿了身上的衣裳。这里的"滋"字不仅是润湿，而且含滋生不已的意思。"露滋"二字写尽了"遥夜""竟夕"的精神。这两句细巧地写出了深夜对月不眠的实情实景。

"不堪盈手赠，还寝梦佳期"，相思不眠之际，没有什么可以相赠，只有满手的月光。诗人说："这月光饱含我满腔的心意，可是又怎么赠送给你呢？还是睡罢！睡了也许能在梦中与你欢聚。"这两句，构思奇妙，意境幽清，没有深挚情感和切身体会，恐怕是写不出来的。这里诗人暗用晋陆机"照之有余辉，揽之不盈手"之诗意，翻古为新，悠悠托出不尽情思。诗至此戛然而止，只觉余韵袅袅，令人回味不已。

作者掠影

张九龄（678～740），唐开元尚书丞相，诗人。字子寿，一名博物，韶州曲江（今广东韶关市）人。长安年间进士。官至中书侍郎同中书门下平章事。后罢相，为荆州长史。诗风清淡，有《曲江集》。他是一位有胆识、有远见的著名政治家、文学家、诗人、名相。他忠耿尽职，秉公守则，直言敢谏，选贤任能，不徇私枉法，不趋炎附势，敢与恶势力做斗争，为"开元之治"做出了积极贡献。他的五言古诗，以素练质朴的语言，寄托深远的人生希望，对扫除唐初所沿袭的六朝绮靡诗风，贡献尤大。被誉为"岭南第一人"。

延伸阅读

超凡天赋

唐代名相张九龄，自幼天资聪慧，才智过人，五六岁便能吟诗作对，一时人称神童。七岁那年春天，张九龄随家人游宝林寺。宝林寺是名刹，香火鼎盛，风景秀丽，游客如云。张九龄被迷住了，看得津津有味。忽报韶州府太守率州衙官员进香朝拜，殿前香客赶忙回避。张九龄把进寺前折的桃花藏于袖中，若无其事地看着太守随从摆弄供品，没有一点害怕的样子。太守见九龄活泼天真十分可爱，想试试他的才气如何。便问："你莫非想吃供果？我出个对子，若对上，就给你供果吃。"张九龄信口道："好呀。"太守早已看见九龄袖藏桃花，就出了个上联："白面书生袖里暗藏春色"。

九龄接口应道："黄堂太守胸中明察秋毫。"太守思忖，这小孩真是个神童，再考考他。又出一对"一位童子，攀龙攀凤攀丹桂"，张九龄猛一抬头，正对面前三尊大佛像，触景生情，便应"三尊大佛，坐狮坐象坐莲花。"太守与随从无不惊叹：此子日后定非等闲之辈。

张九龄拿着太守赏给的供果去后面玩，被一和尚看见，以为他偷吃供果。九龄说是太守赏赐的，和尚不信："凭什么说太守给你的？"九龄诉说原委。和尚好生奇怪，便让九龄说太守出的对子。九龄念出太守上联，和尚又问："那你又是怎应对的？"九龄灵机一动，便说我对的下联是："满寺和尚，偷猪偷狗偷青菜。"和尚一听下联，心头一惊，便拔脚要追太守去说个明白。

考试链接

1.对下面这首诗的理解不恰当的一项是(　　)

A. 首联写景,辽阔大海上升起一轮皎洁明月。触景生情,诗人想起远在天涯的友人,此刻与"我"同望明月。前句"望月",后句"怀远",紧扣诗题。

B. 颔联直接抒发思念之情。因"思"生"怨",相思之深、相思之极,因而埋怨长夜漫漫,夜不能寐;"竟夕",以至于通宵都在思念,极言相思之烈。

C. 颈联通过动作和细节描写传达感情,描绘诗人彻夜难眠的情形。"灭烛"月光满屋,更加可怜月的孤独;"披衣"庭院散步,露水湿衣,相思之浓。

D. 尾联说月光虽美,可无法捧在手中送给远方思念的人,还不如在梦里与思念的人团聚。寄希望于梦中,足见对友人思念之切,情感真挚,深化中心。

2."海上生明月,天涯共此时"是用何种手法表达意境之美的?请指出并分析这样写的好处。

编注者:林新杰

【参考答案】
1. C　C项"更加可怜月的孤独"解读错误。"怜光满"意为爱惜满屋的月光。
2. 虚实结合。①望月是实写:波澜壮阔的大海上,升起了一轮皎洁的明月;怀远的内容是虚写。遥想远在天涯的友人也对这轮明月在怀念自己吧。②借助想象补充现实,虚实互补,深化怀远的深情,给人留下了思考的空间。

［清］ 张深 《北固山楼饯别图》

次①北固山②下

[唐] 王湾

扫一扫,听朗读

客路③青山外,行舟绿水前。
潮平两岸阔,风正④一帆悬⑤。
海日⑥生残夜⑦,江春⑧入旧年。
乡书⑨何处达?归雁⑩洛阳边。

注释

①次:旅途中暂时停宿,这里是停泊的意思。
②北固山:在今江苏镇江北,三面临长江。
③客路:旅途。
④风正:顺风。
⑤悬:挂。
⑥海日:海上的旭日。
⑦残夜:夜将尽之时。
⑧江春:江南的春天。
⑨乡书:家信。
⑩归雁:北归的大雁。大雁每年秋天飞往南方,春天飞往北方。古代有大雁传递书信的传说。

古诗今读

游客路过苍茫的北固山下,船儿泛着湛蓝的江水向前。

春潮正涨两岸江面更宽阔,顺风行船恰好把帆儿高悬。

红日冲破残夜从海上升起,江上春早年底就春风拂面。

寄去的家书不知何时到达,请问归雁几时飞到洛阳边。

赏析要点

诗以对偶句发端，既工丽，又跳脱。作者乘舟，正朝着展现在眼前的"绿水"前进，驶向"青山"，驶向"青山"之外遥远的"客路"。这一联先写"客路"而后写"行舟"，其人在江南、神驰故里的漂泊羁旅之情，已流露于字里行间，与末联的"乡书""归雁"，遥相照应。

次联的"潮平两岸阔"，"阔"是表现"潮平"的结果。春潮涌涨，江水浩渺，放眼望去，江面似乎与岸平了，船上人的视野也因之开阔。这一句，写得恢宏阔大，下一句"风正一帆悬"，便愈见精彩。"悬"是端端直直地高挂着的样子。诗人不用"风顺"而用"风正"，是因为光"风顺"还不足以保证"一帆悬"。风虽顺，却很猛，那帆就鼓成弧形了。只有既是顺风，又是和风，帆才能够"悬"。那个"正"字，兼包"顺"与"和"的内容。这一句写小景已相当传神。但还不仅如此，如王夫之所指出，这句诗的妙处，还在于它"以小景传大景之神"《姜斋诗话》卷上。诗句妙在通过"风正一帆悬"这一小景，把平野开阔、大江直流、风平浪静等等的大景也表现出来了。

"海日生残夜，江春入旧年"：当残夜还未消退之时，一轮红日已从海上升起；当旧年尚未逝去，江上已呈露春意。"日生残夜""春入旧年"，都表示时序的交替，而且是那样匆匆不可待，这怎不叫身在"客路"的诗人顿生思乡之情呢？这两句炼字炼句也极见功夫。作者从炼意着眼，把"日"与"春"作为新生的美好事物的象征，提到主语的位置而加以强调，并且用"生"字、"入"字使之拟人化，赋予它们以人的意志和情思。妙在作者无意说理，却在描写景物、节令之中，蕴含着一种自然的理趣。海日生于残夜，将驱尽黑暗；江春，那江上景物所表现的"春意"，闯入旧年，将赶走严冬。不仅写景逼真，叙事确切，而且表现出具有普遍意义的生活真理，给人以乐观、积极、向上的艺术鼓舞力量。此句与"沉舟侧畔千帆过，病树前头万木春"有异曲同工之妙。

海日东升，春意萌动，诗人放舟于绿水之上，继续向青山之外的客路驶去。这时候，一群北归的大雁正掠过晴空。雁儿正要经过洛阳的啊！诗人想起了"雁雁传书"的故事，还是托雁捎个信吧：雁儿啊，烦劳你们飞过洛阳的时候，替我问候一下家里人。这两句紧承三联而来，遥应首联，全篇笼罩着一层淡淡的乡思愁绪。

作者掠影

王湾（生卒年不详），唐代诗人。洛阳（今属河南）人，玄宗先天年间（712～713）进士及第，授荥阳县主簿。王湾一生中，"尝往来吴楚间"。"北固山"，在今江苏镇江市以北，三面临江。上引《江南意》中首二句为"南国多新意，东行伺早天。"其"东行"，当是经镇江到江南一带去。诗人一路行来，当舟次北固山下的时候，潮平岸阔，残夜归雁，触发了心中的情思，吟成了这一千古名篇。尤其是"海日生残夜，江春入旧年"两句，得到当时的宰相张说的极度赞赏，并亲自书写悬挂于宰相政事堂上，让文人学士作为学习的典范。由此，这两句诗中表现的那种壮阔高朗的境象便对盛唐诗坛产生了重要的影响。直到唐末诗人郑谷还说"何如海日生残夜，一句能令万古传"，表达出极度钦羡之情。

延伸阅读

《次北固山下》里的乡愁

《次北固山下》尾联"乡书何处达？归雁洛阳边"。"乡书"即家书、家信。这一联的意思是说，家信捎到什么地方？就委托北归的大雁带到洛阳去。在中国诗文化中，"大雁"这个意象是用于传达信息的，这源于"鸿雁传书"的故事。此时的诗人虽游走于青山绿水之间，沉浸在大自然优美的环境之中。但是，内心的忧思怎么也不能抹去，当看到蓝天上一群北归的大雁时，游子客居之感和思乡之情油然而生。此时，诗人突发奇想，托付大雁捎一封信，以寄托自己的情感。同时，"乡书"的内容是什么，诗人没有明确的表述，但这样的结尾，不但引发读者的想象，激发读者的思考，而且寄情于物，含蓄蕴藉，提高了诗歌的审美效果。

其实，人的一生也是操劳奔波的一生。为了生计或者工作，有的人不得不远离家乡，离开熟悉的一草一木，离开了妻儿老小，忙碌之余，清风朗月，思念之情油然而生，亦属人之常情。遥向古代，交通闭塞且落后，舟马劳顿，距离、速度与时间这三者的关系听起来让人咂舌，出趟门走几个月甚至几年并不奇怪，和现代比起来真是天壤之别。由此，在古代，思乡的诗歌就成了一个"品种"，成了一道风景，数量很大，各有千秋。

考试链接

1. 下列对这首诗的解说，不正确的两项是（　　）

A. "客路青山外，行舟绿水前"，写遍布异乡游子足迹的驿路，从北固山中伸出，又蜿蜒伸向山外；沿水路疾驰的小船，也飞到绿水前面去了。

B. "潮平两岸阔，风正一帆悬"写潮水上涨几乎与两岸齐平，诗人站在船头放眼望去，觉得江面特别宽阔，江风劲吹，船行快速。

C. "海日生残夜，江春入旧年"写夜还未消尽，一轮红日已从海上升起；江上春早，旧年未过新春已来。

D. "乡书何处达？归雁洛阳边"即承接上联的"残夜""旧年"，又照应首联的"客路"，写诗人在眼前景物触发下，希望北归的大雁捎一封家信到洛阳。

E. 全诗通过对江南秀丽景色和自己处境的描写，表现了诗人对官场生活的厌倦和对家乡的思念。

2. 写出"海日生残夜，江春入旧年"一联所蕴含的哲理。

编注者：贺　艳

【参考答案】
1. BE（B. 江风和暖，船行平稳而快速。E. 诗中没有表现"对官场生活的厌倦"）
2. 新生事物都必须从陈旧的母体中脱胎而出。（或日月流转，岁月更替。或：旧事物中孕育着新的生机。）

［清］ 梅清 《仿古山水》（之六）

登幽州台①歌

[唐] 陈子昂

前②不见古人③,
后④不见来者⑤。
念天地之悠悠⑥,
独怆然⑦而涕⑧下。

扫一扫,听朗读

注释

①幽州台:即蓟北楼,又叫蓟丘、燕台。故址在今北京市大兴,相传是燕昭王为招纳天下贤士而筑的黄金台。
②前:过去。
③古人:古代那些能够礼贤下士的圣君。
④后:未来。
⑤来者:后世那些重视人才的贤明君主。
⑥悠悠:形容时间的久远和空间的广大。无穷无尽的样子。
⑦怆(chuàng)然:伤感悲凉的样子。
⑧涕:古时指眼泪。

古诗今读

在前,我没能遇见燕昭王那样礼贤下士的上古明主;往后,我又等不到效法燕昭王的未来贤君。想这天地是多么悠久,无穷无尽,而人生只是白驹过隙;我独自站在这高台之上,忍不住心情悲痛,流下了眼泪。

赏析要点

这首短诗，深刻地表现了诗人怀才不遇、寂寞无聊的情绪。诗人具有政治见识和政治才能，他直言敢谏，但没有被武则天所采纳，屡受打击，心情郁郁悲愤。

诗人感慨像燕昭王那样前代的贤君既不复可见，后来的贤明之主也来不及见到，自己真是生不逢时；当登台远眺时，只见茫茫宇宙，天长地久，不禁感到孤单寂寞，悲从中来，怆然流泪了。这里免不了有对时世的感伤，但也有诗人对诗坛污浊的憎恶。诗人看不见前古贤人，古人也没来得及看见诗人；诗人看不见未来英杰，未来英杰同样看不见诗人，诗人所能看见以及能看见诗人的，只有眼前这个时代。这首诗以慷慨悲凉的调子，表现了诗人失意的境遇和寂寞苦闷的情怀。这种悲哀常常为旧社会许多怀才不遇的人士所共有，因而获得广泛的共鸣。

这首诗没有对幽州台作一字描写，而只是登台的感慨，却成为千古名篇。诗篇风格明朗刚健，是具有"汉魏风骨"的唐代诗歌的先驱之作，对扫除齐梁浮艳纤弱的形式主义诗风具有拓疆开路之功。

在艺术上，其意境雄浑，视野开阔，使得诗人的自我形象更加鲜亮感人。全诗语言奔放，富有感染力，虽然只有短短四句，却在人们面前展现了一幅境界雄浑、浩瀚空旷的艺术画面。诗的前三句粗笔勾勒，以浩茫宽广的宇宙天地和沧桑易变的古今人事作为深邃、壮美的背景加以衬托。第四句饱蘸感情，凌空一笔，使抒情主人公——诗人慷慨悲壮的自我形象站到了画面的主位上，画面顿时神韵飞动，光彩照人。从结构脉络上说，前两句是俯仰古今，写出时间的绵长；第三句登楼眺望，写空间的辽阔无限；第四句写诗人孤单悲苦的心绪。这样前后相互映照，格外动人。

作者掠影

陈子昂（661～702），唐代文学家。字伯玉，梓州射洪（今属四川）人。举光宅进士，以上书论政，为武则天所赞赏，拜麟台正字，右拾遗。后世因称陈拾遗。敢于陈述时弊，曾随武攸宜征契丹。后解职回乡，为县令段简所诬，入狱，忧愤而死。于诗标举汉魏风骨，强调兴寄，反对柔靡之风，是唐代诗歌革新的先驱。

青少年时轻财好施，慷慨任侠，在26岁、36岁时两次从军边塞，对边防颇有些远见。38岁（698年）时，因父老解官回乡，不久父死。其存诗共100多首，其诗风骨峥嵘，寓意深远，苍劲有力。其中最有代表性的有组诗《感遇》38首，《蓟丘览古》7首和《登幽州台歌》《登泽州城北楼宴》等。

延伸阅读

陈子昂砸琴

有一天，陈子昂在长安街市上行走，见有一人持一把胡琴叫卖，要价百万钱。一把什么样的胡琴，竟要价百万？这样的叫卖引起了过往行人的惊异，同样引起了陈子昂的惊异。陈子昂将胡琴反复端详，便和卖主开始了讨价还价，这一举措立刻吸引了众多的围观者。随着他们的讨价还价，围观者越围越多，最后陈子昂当众以百万钱买下了这把胡琴。陈子昂拿到胡琴后，面对围观者当众宣布，第二天在宣阳里用这把胡琴为大家公开演奏。

这一消息很快就传遍了长安城。第二天，前来观看演奏者聚满了宣阳里，大家都希望听听这把身价百万的胡琴演奏声响与其他胡琴有什么不同。陈子昂拿着那把胡琴出场了。陈子昂将胡琴高高举起，对众说道："这把胡琴价值不菲，其音一定非同凡响。但演奏之事，那是乐工那些下等人的职业，我陈子昂是上京赶考的举子，满腹经纶，将来要为国家效力干大事情，怎么能干一般乐工的事呢？我的诗文比起这把胡琴的值钱那要大得多。"言罢，将高高举起的胡琴重重地摔在地下，那把胡琴当场被摔得粉碎。围观者全都被陈子昂的这一举动惊呆了。陈子昂随即将自己准备好的诗文当众散发，人们纷纷争抢着阅读陈子昂的诗文。

陈子昂的诗文确实写得很好，一时间长安城里传抄陈子昂诗文成风，陈子昂的姓名连同陈子昂的诗文一下子在长安城里传开了。"一日之内，声华溢郡"。这一着很快就见到了效果，当时建安王武攸宜即召陈子昂为书记。就在这一年，陈子昂考中了进士，时年二十四岁。

（出自王根权《书画趣闻》）

考试链接

1. 这是一首吊古伤今、吟咏叹惋的生命悲歌。

诗人通过书写_____的感慨，抒发了_____的思想感情。

2."念天地之悠悠，独怆然而涕下。"这两句诗营造了一种极其特殊的意境。请简要谈谈你对这两句诗的理解。

编注者：陈海云

【参考答案】
1. 登楼远眺，凭今吊古　怀才不遇（或理想破灭或孤寂沉郁）
2. 把个人置放到广漠无边的宇宙背景中，使个人显得渺小孤寂，从而产生一种苍茫的孤独感。

词牌初识

念奴娇

1. 词牌介绍：

念奴娇，又名"百字令""酹江月"等，得名于唐代天宝年间的一个名叫念奴的歌伎。此调以苏轼《念奴娇·中秋》为正体，双调一百字，前片四十九字，后片五十一字，各十句四仄韵。另有双调一百字，前片九句四仄韵，后片十句四仄韵等十一种变体。代表作品有苏轼《念奴娇?赤壁怀古》等。

2. 格律举例：

仄平平仄，仄平仄、平仄平平平仄（韵）。仄仄平平，平仄仄、平仄平平仄仄（韵）。仄仄平平，平平仄仄，中仄平平仄（韵）。平平平仄，仄中平仄平仄（韵）。

中仄中仄平平，仄平仄仄，平平平仄（韵）。仄仄平平，平仄仄、中仄平平仄（韵）。仄平平，中平中仄仄，仄平平仄（韵）。中平平仄，仄平平仄平仄（韵）。

（说明：平，填平声字；仄，填仄声字；中，可平可仄。）

3. 范例：《念奴娇·大江东去》

大江东去，浪淘尽，千古风流人物。故垒西边，人道是、三国周郎赤壁。乱石崩云，惊涛裂岸，卷起千堆雪。江山如画，一时多少豪杰。

遥想公瑾当年，小乔初嫁了，雄姿英发。羽扇纶巾，谈笑处、樯橹灰飞烟灭。故国神游，多情应笑我，早生华发。人生如梦，一尊还酹江月。

[清] 恽寿平 《清溪横笛图轴》

扫一扫,听朗读

春夜洛城①闻笛

[唐] 李白

谁家玉笛②暗飞声③,
散入春风④满洛城。
此夜曲中闻⑤折柳⑥,
何人不起故园情。

注释

①洛城:今河南洛阳,古称"东都"。
②玉笛:笛子的美称。
③暗飞声:声音不知从何处传来。声,声音。
④春风:指春天的风。
⑤闻:听,听见。
⑥折柳:即《折杨柳》笛曲,乐府"鼓角横吹曲"调名,一方面内容多写离情别绪,另一方面暗含一种习俗:人们临别时折柳相赠。柳,暗指"留"。

古诗今读

静谧的夜晚,突然传来一阵悠扬的笛声,这首谁家飘出的《折杨柳》已伴着春风,传遍了整个洛阳城。

今夜,我客居他乡,听着这支曲子,浓浓的思乡之情不禁油然而生!

赏析要点

诗人李白于唐玄宗开元二十二年东游洛阳,写成此诗。"春夜洛城闻笛"不仅是一诗之题,更是诗人情感触发点。春秋之际，本就是人们多愁善感之时；而"夜"更易使人产生孤独之感，"洛城"即洛阳，表明作者此时正处异乡；诗人于他乡客栈"闻笛"而触发情感，思乡情切，故作此诗。

首句"谁家玉笛暗飞声"，以问句起头，在诗人自己好奇的同时，也引起了读者的疑惑。忽然闻到笛声，诗人思绪顿起，想要追寻它的来处，但由于是在夜间，所以并不知这笛声是从何处飘来。一个"暗"字，不仅写出了作者所闻笛声的若隐若现，也为诗人思乡情感的抒发渲染出一种低沉的基调。紧承首句诗人情绪的发起，次句"散入春风满洛城"，诗人以夸张的想象写出"这悠扬的笛声伴着春风似乎传遍了整个洛阳城"。一个"散"字、一个"满"字，将笛声和春风紧密融为一体，在笛声随风飘荡之际，诗人主观上的思乡情感似乎也同这笛声和春风一起飘向了遥远的故乡。

紧承上句，诗人写到"此夜曲中闻折柳"。一曲《折杨柳》格调哀怨幽咽、伤离惜别，诗人的情绪被进一步推进，思乡情怀更浓！古人在送别时常以"柳"来表达送别之情，在盼望亲人、友人归来时也常用"折柳"来表达期盼之情。此句从"我"的思乡情感拓开一笔，转写家乡传来的曲子，这种主观情感的推衍，反而将诗人的思乡之情表现得更加深刻、更加感人。末句"何人不起故园情"，既饱含了诗人自己不能归家的惆怅落寞，也发出了所有羁旅之人思归不得的感慨与苦闷，使得全诗带有一种余音绕梁的意味，愈品愈浓。

李白这首诗写的虽然是闻笛所感，但全诗却因一首《折杨柳》而笼罩在淡淡的哀愁之中，表达了诗人身处他乡且思归不得的情感，这便是这首诗最感人的地方。

作者掠影

李白（701～762），唐代伟大的浪漫主义诗人，字太白，号青莲居士，又号"谪仙人"，祖籍陇西成纪（待考），出生于西域碎叶城，4岁再随父迁至剑南道绵州。被后人誉为"诗仙"，与杜甫并称为"李杜"。为人爽朗大方，爱饮酒、好作诗、喜交友。

李白深受黄老列庄思想的影响，有《李太白集》传世，诗作中多是醉时所作，代表作有《望庐山瀑布》《行路难》《蜀道难》《将进酒》《梁甫吟》《早发白帝城》等。其诗以抒情为主，表现出蔑视权贵的傲岸精神和对人民疾苦表示同情，又善于描绘自然景色，表达对祖国山河的热爱。诗风雄奇豪放，想象丰富，语言流转自然，音律和谐多变，善于从民间文艺和神话传说中吸取营养和素材，构成其特有的瑰伟绚烂的色彩，达到盛唐诗歌艺术的巅峰。在诗歌成就之外，李白在辞赋、剑术、思想、书法等方面也都颇有成就，是中国文学史和文化史上的一位重要人物。

延伸阅读

李白与高力士

唐朝天宝初年，李白来到京城长安，唐玄宗很欣赏他的才学，故留他供奉翰林。

一天，高力士突然找到李白，嬉皮笑脸地求李白写一幅字画。李白知道，高力士胸无点墨，不过因为皇上喜欢他的诗词，高力士才来凑个热闹而已，但为了借机戏弄一下这个攀龙附凤的权宦，他当时就答应了。只见他提起笔，如行云流水，眼睛一眨，一幅中堂字画便写了出来。

高力士凑上来年，只见上边写道："高是低来低是高，功名出头须颠倒。莫笑老公无胡子，乾坤之间乐逍遥。"高力士一看糊涂了，追问其中意思，李白解释道："我这诗是诗中藏谜，头两句把公公姓名嵌了进去，'高是低来低是高'，是说公公常在皇上身边，看来低人一等，实则高人一头。第二句的'功'是公公大名'力士'二字凑成，不过将工和力两字前后转换一下，再把工字出头为'士'字，所以叫'功名出头须颠倒'。第三、四句写公公一生。公公虽有一大把年纪，但无衰颓之相，可以常乐于富贵荣华之中。"一番话说得高力士眉飞色舞，欢天喜地地捧着字画走了。

后来贺知章得知，前来盘问，李白方解释道："'高是低来低是高'是说高力士谄媚朝廷，虽弄权官中，高高在上，实则一副奴才嘴脸。'功名出头须颠倒'是说朝纲黑暗，奸臣当道，是非颠倒。'莫笑老公无胡子'，一眼便知讽刺太监之词，至于最后一句'乾坤'乃指'阴阳'、'男女'，暗寓高力士非男非女，如阉过的鸡犬——非人也。"

考试链接

1. 古人写诗非常讲究练字，常有一字传神的妙处。试赏析诗中"暗"和"满"的表达效果。

2. 前人评价说"折柳"二字是全诗的关键，诗中"折柳"的寓意是什么？你是否同意关键之说，为什么？

3. 诗中第二句和第四句的艺术手法分别是什么？它们的表达效果又是什么？

编注者：刘宾胜

【参考答案】

1. "暗"有断续、隐约的含义，吹笛人只管自吹自听，却不期然地打动了许多听众，引起人们无限的隐忧；"满"字运用夸张的艺术手法，极写夜之宁静，笛之悠扬，反衬诗人内心闻笛后的孤寂心情。

2. ①"折柳"的寓意是惜别怀远的象征。②我同意关键之说。只有理解折柳的象征意义才能理解此诗的主题。"柳"在风力的吹动下有循环往复、依恋不舍的姿态，这姿态就像依恋不舍的离人分别时的情态。所以在古典诗歌中，柳，作为写作对象，常用来作为惜别怀远的象征。如《诗经》里有"惜我往矣，杨柳依依，今我来思，雨雪霏霏"。柳永《雨铃霖》中的"今宵酒醒何处，杨柳岸晓风残月"因而，"折柳"曲有惜别怀远的寓意。

3. ①第二句的艺术手法是夸张。它的表达效果是：极力渲染夜的静谧、笛声的悠扬动听。②第四句的艺术手法是反问。它的表达效果是：加强思乡的感情，有一唱三叹的美学效果。

词牌初识

江城子

1. 词牌介绍：

江城子，又名"江神子"等。兴起于晚唐，来源于唐著词曲调，由文人韦庄最早依调创作，此后所作均为单调，直至北宋苏轼时始变单调为双调。有单调四体，字数有三十五、三十六、三十七三种；双调一体，七十字，上下片各七句，五平韵。格律多为平韵格，双调体偶有填仄韵者。代表作有宋苏轼《江城子·乙卯正月二十日夜记梦》等。

2. 格律举例：

仄仄平平仄仄平（韵），仄平平（韵），仄平平（韵）。仄仄平平，仄仄仄平平（韵）。平仄平平平仄仄，平平仄仄，仄平平（韵）。

（说明：平，填平声字；仄，填仄声字；中，可平可仄。）

3. 范例：《江城子·晚日金陵岸草平》

晚日金陵岸草平，落霞明，水无情。六代繁华，暗逐逝波声。空有姑苏台上月，如西子镜，照江城。

［明］ 沈周 《千人石夜游图》（局部）

闻王昌龄左迁龙标遥有此寄

[唐] 李白

杨花①落尽子规②啼，
闻道龙标③过五溪④。
我寄愁心与明月，
随君直到夜郎⑤西。

扫一扫，听朗读

注释

①杨花：柳絮。
②子规：即布谷鸟，又称"杜鹃"。
③龙标：指王昌龄。古代常用官职或任官之地的州县名来称呼一个人。
④五溪：今湖南西部、贵州东部五条溪流的合称。
⑤夜郎：唐代夜郎有三处，两个在今贵州桐梓，本诗所说的"夜郎"在今湖南怀化境内。

古诗今读

杨树花落已尽，杜鹃鸟在不停地啼鸣，听说你被贬到龙标去了，一路上要经过五条溪水。我把为你而忧愁的心，托付给天上的明月，它伴随着你，一直走到那夜郎的西边。

赏析要点

诗篇的首句写景。杨花，如同浮萍，是漂泊无依的形象，"无情有思"的杨花，在愁人眼中，"点点是离人泪"（苏轼《水龙吟》）；子规，即杜鹃，又名杜宇，啼声哀切，所谓"杜宇声声不忍闻"（宋人李重元《忆王孙》）。诗人所以在繁花杂树中独取杨花，在诸多禽鸟中特选子规，不仅因为它们能点明时令是在暮春，以切合当时情事（王昌龄是在天宝六载秋闻贬谪龙标之命，于翌年春抵达贬所的），还由于它们可以烘托凄凉悲惋的氛围，以寄寓诗人叹飘零、感离恨的特定心境。"杨花"一句真是融情入景、景中见情的佳句。次句由写景转入言事，正扣题面"闻王昌龄左迁龙标"的字样。"闻道"，听说，可想见诗人得知挚友被贬时的惊愕痛惜之情。唐时是以贬地距离京城长安的远近来衡量贬官罪责轻重的。王昌龄只因"不护细行"，竟然被遣放到比五溪更远的沅水之滨，也可见当时世道的不公。两句诗，意虽悲痛，但不遣悲痛之语，而是令人玩咏得之。正如白居易所云："说喜不得言喜，说怨不得言怨。"（转引自宋人张戒《岁寒堂诗话》卷上）这也正是形象思维的一种特点和诗贵含蓄的一个原则。

这首诗的后两句最为人称道。清代沈德潜评论这首诗说："即'将心寄明月，流影入君怀'意，出以摇曳之笔，语意一新。"说它新，就新在诗人想象奇特上。诗人和王昌龄天各一方，不能当面向他倾诉自己的关怀，但明月当空，千里可共，于是自然想到让明月把他的"愁心"带到夜郎去。这是将明月人格化，把它看成友好的使者，它了解诗人此刻的心情，愿意承担这项使命。在文学作品中，借明月来抒发怀人感情是一种常见的手法，如曹植诗《七哀》："明月照高楼，流光正徘徊。上有愁思妇，悲叹有余哀。"谢庄的《月赋》："美人迈兮音尘阙，隔千里兮共明月。"比李白早些的张若虚诗《春江花月夜》："此时相望不相闻，愿逐月华流照君。"但把明月看成能知人意、达人情的使者，在李白之前似乎还不曾有过。

作者掠影

李白（701～762），唐代伟大诗人，字太白，自号青莲居士，世人又称谪仙，被后人誉为"诗仙"，与杜甫并称为"李杜"。祖籍陇西成纪（今甘肃秦安西北），出生于西域，长于蜀中绵州昌隆（今四川江油）。少年时代刻苦攻读，兼习剑术，以诗文见赏于世。其傲视权贵和敢于反抗的性格深受历代读者喜爱。李白相当全面地继承了中国的历史文化遗产，尤其是受庄子散文和楚辞影响最大。他还善于从民间乐府汲取营养。李白的诗作感情奔放，想象丰富，语言夸张，并惯于采用历史典故和神话传说表达感情。他最擅长乐府歌行，近体则以七绝和五律著称。今存诗共一千余首，另有赋八篇，文六十余篇。有瞿蜕园、朱金城校注的《李白集校注》。

延伸阅读

王昌龄与李白

在李白结交的诗人当中，王昌龄也是比较重要的一位。王昌龄，字少伯，京兆长安（今陕西西安）人。盛唐著名边塞诗人。其诗以七绝见长，尤以登第之前赴西北边塞所作边塞诗最著，有"诗家夫子王江宁"之誉，又被后人誉为"七绝圣手"。王昌龄一生官低名气大，位卑才气高。早年贫苦，主要依靠农耕维持生活，30岁左右进士及第。初任秘书省校书郎，而后又担任博学宏辞、汜水尉，因事被贬岭南。开元末返长安，改授江宁丞。被谤谪龙标尉。安史乱起，被刺史闾丘晓所杀。

王昌龄在襄阳与孟浩然一见，孟浩然因旧疾复发而死。王昌龄因此在离开的路上很悲伤，没有想到在巴陵意外地遇见李白，当时李白正在被流放夜郎的途中。他们俩一见如故，在江边的小船上，边泛舟边吟酒，畅谈文坛圈里的交往故事。临别，王昌龄写了一首诗《巴陵送李十二》送李白："摇曳巴陵洲渚分，清江传语便风闻。山长不见秋城色，日暮蒹葭空水云。"李白对王昌龄的友情也念念不忘。王昌龄的仕途屡经挫折，据《新唐书·文艺传》载，王昌龄这次左迁（古时尊右卑左，故称贬官为"左迁"）是因为"不护细行"，即生活小节失于检点。《唐诗笺注》卷八载有王牧邺的话："本传言少伯（王昌龄字少伯）'不护细行'，或有所为而云。"究竟"所为"指的是什么，已难考察，可能是欲加之罪，也不算什么大问题。王昌龄在《芙蓉楼送辛渐》一诗中，就曾巧用鲍照《白头吟》的妙喻——"一片冰心在玉壶"以言心志，表明自身光明磊落、廉正高洁的操守。李白在东南地区漫游期间，得悉王昌龄这次的不幸遭遇，深表同情和关切，当即写了此诗，遥寄给他，以带去一点慰藉，分担他的愁苦，从中可见李白的侠肠和肝胆。

考试链接

1. 诗歌以描写"杨花""子规"两样景物起笔，从全诗看，有什么用意？

2. 在"我寄愁心与明月，随君直到夜郎西"一句中，诗人运用了拟人、想象、情景交融等手法，请任选一个角度，结合诗句内容分析。

编注者：刘喜娟

【参考答案】
1. 诗人选取这两个景物，一是取其季节的意义，表明事情发生的时令；二是取其形象意义，即二者都是有形之物，给读者以画面感；三是取其象征意义，杨花飘忽不定，行游无踪，暗喻他人前途命运未卜，子规常鸣"不如归去"，借用来关怀跋山涉水、远走他乡的友人王昌龄，希望他早日归来。
2. ①拟人修辞，把明月当作使者，表达对友人的同情与关切。②奇特的想象，把无知无情的明月，想象成善解人意的知心人，把自己对朋友的怀念和同情带到夜郎西。③情景交融（或以景传情，借景抒情），把明月之景与对朋友的思念之情交融在一起，表达自己对朋友的怀念和同情。

词牌初识

鹧鸪天

1. 词牌介绍：

鹧鸪天，又名"思佳客"等。定格为晏几道《鹧鸪天·彩袖殷勤捧玉钟》，此调双调五十五字，前段四句三平韵，后段五句三平韵。代表作有苏轼《鹧鸪天·林断山明竹隐墙》等。

2. 格律举例：

中仄平平中仄平（韵），中平中仄仄平平（韵）。中平中仄平平仄，中仄平平中仄平（韵）。

中仄仄，仄平平（韵），中平中仄仄平平（韵）。中平中仄平平仄，中仄平平中仄平（韵）。

（说明：平，填平声字；仄，填仄声字；中，可平可仄。）

3. 范例：《鹧鸪天·彩袖殷勤捧玉钟》

彩袖殷勤捧玉钟，当年拚却醉颜红。舞低杨柳楼心月，歌尽桃花扇影风。

从别后，忆相逢，几回魂梦与君同。今宵剩把银釭照，犹恐相逢是梦中。

[明] 陈洪绶 《秋林晚泊图》

江南逢李龟年①

[唐] 杜甫

岐王②宅里寻常见,
崔九③堂前几度闻。
正是江南④好风景,
落花时节⑤又逢君⑥。

注释

①李龟年:唐朝开元、天宝年间的著名乐师,擅长唱歌。因为受到皇帝唐玄宗的宠幸而红极一时。"安史之乱"后,李龟年流落江南,卖艺为生。
②岐王:唐玄宗李隆基的弟弟,名叫李范,以好学爱才著称,雅善音律。
③崔九:崔涤,在兄弟中排行第九,中书令崔湜的弟弟。玄宗时,曾任殿中监,出入禁中,得玄宗宠幸。崔姓,是当时一家大姓,以此表明李龟年原来受赏识。
④江南:这里指今湖南省一带。
⑤落花时节:暮春,通常指阴历三月。落花的寓意很多,人衰老飘零,社会的凋敝丧乱都在其中。
⑥君:指李龟年。

古诗今读

当年在岐王宅里,常常见到你的演出;在崔九堂前,也曾多次欣赏你的艺术。

没有想到,在这风景一派大好的江南;正是落花时节,能巧遇你这位老相熟。

赏析要点

"岐王宅里寻常见,崔九堂前几度闻。"诗人虽然是在追忆往昔与李龟年的接触,流露的却是对"开元全盛日"的深情怀念。这两句下语似乎很轻,含蕴的感情却深沉而凝重。"岐王宅里""崔九堂前",仿佛信口道出,但在当事者心目中,这两个文艺名流经常雅集之处,是鼎盛的开元时期丰富多彩的精神文化集中的地方,它们的名字就足以勾起诗人对"全盛日"的美好回忆。当年诗人出入其间,接触李龟年这样的艺术明星,是"寻常"而不难"几度"的,多年过后回想起来,简直是不可企及的梦境了。这里所蕴含的天上人间之隔的感慨,读者是要结合下两句才能品味出来的。两句诗在迭唱和咏叹中,流露了诗人对开元全盛日的无限眷恋,犹如要拉长回味的时间。

"正是江南好风景,落花时节又逢君。"风景秀丽的江南,在承平时代,原是诗人们所向往的作快意之游的所在。诗人真正置身其间,所面对的竟是满眼凋零的"落花时节"和皤然白首的流落艺人。"落花时节",如同是即景书事,又如同是别有寓托,寄兴在有意无意之间。这四个字,暗喻了世运的衰颓、社会的动乱和诗人的衰病漂泊,但诗人丝毫没有在刻意设喻,这种写法显得特别浑成无迹。加上两句当中"正是"和"又"这两个虚词一转一跌,更在字里行间寓藏着无限感慨。江南好风景,恰恰成了乱离时世和沉沦身世的有力反衬。一位老歌唱家与一位老诗人在漂流颠沛中重逢了,落花流水的风光,点缀着两位形容憔悴的老人,成了时代沧桑的一幅典型画图。它无情地证实"开元全盛日"已经成为历史陈迹,一场翻天覆地的大动乱,使杜甫和李龟年这些经历过盛世的人,沦落到了不幸的地步。感慨是很深的,但诗人写到"落花时节又逢君",却黯然而收,在无言中包孕着深沉的慨叹,痛定思痛的悲哀。这样"刚开头却又煞了尾",连一句也不愿多说,显得慰藉之极。清代沈德潜评此诗:"含意未申,有案未断。"诗人这种"未申"之意对于有着类似经历的当事者李龟年,是不难领会的;对于后世善于知人论世的读者,也不难把握。像《长生殿·弹词》中李龟年所唱的"当时天上清歌,今日沿街鼓板","唱不尽兴亡梦幻,弹不尽悲伤感叹,凄凉满眼对江山"等等,尽管反复唱叹,意思并不比杜诗更多,倒很像是剧作家从杜甫的诗中抽绎出来的一样。

作者掠影

杜甫（712~770），唐代伟大的现实主义诗人，字子美，自号少陵野老，世称"杜工部""杜少陵"等，河南府巩县（今河南省巩义市）人，杜甫被世人尊为"诗圣"，其诗被称为"诗史"。杜甫与李白合称"李杜"，为了跟另外两位诗人李商隐与杜牧"小李杜"区别开来，杜甫与李白又合称"大李杜"。他忧国忧民，人格高尚，他的约 1400 余首诗被保留了下来，诗艺精湛，在中国古典诗歌中备受推崇，影响深远。

延伸阅读

杜甫轶事

杜甫的家庭是书香世家。他的远祖杜预是晋代著名学者、军事家，祖父杜审言是武则天时代的著名诗人。在这样的家庭中，杜甫自幼受到良好的教育。早在咿呀学语时，母亲就教他背诵古代诗歌，从《诗经》到《楚辞》再到汉代乐府。他记忆力特别强，一天能背几首诗。不几年，胸中已装了几百篇诗文。7 岁那年的一天，父亲教他背诵古代的赋，其中有"凤凰"之名。杜甫早就听说过有凤凰鸟，但就是没见过，于是抬起头来问父亲："凤凰鸟是什么样的？"父亲告诉他："这鸟是古代传说中的鸟王，雄为凤，雌为凰。它头像鸡，颈如蛇，领似燕，背如龟，尾如鱼。这种鸟不与其他凡鸟为群，是高洁的象征。"杜甫听了深深地印在脑中，过了一会儿他对父亲说："有志的人也应该像凤凰，对不对？"父亲高兴地抚摸着他的头说："对，对。""那我就作一首凤凰诗吧。"杜甫说。父亲惊喜地睁大眼睛："好，念出来我听听。"于是杜甫吟诵起来。诗中把他理想中的凤凰尽情讴歌了一番，最后抒发怀抱：做人一定要做一个出类拔萃的人。父亲听了非常高兴，从此以后就更加用心培养他了。

考试链接

1. 诗歌中点明作者与李龟年密切关系的词语是：_____、_____、_____。

2. "落花时节"有什么特殊含义？

3. 对杜甫的《江南逢李龟年》一诗分析有误的一项是（　　）。

A. 诗的前两句中,"寻常见""几度闻",既写出李、杜交往之密、友谊之深,又从一个侧面表现"开元盛世"的繁华。

B. 诗的最后一句中,"落花时节"比喻诗人和李龟年潦倒凄凉的处境和唐王朝国运的衰落。

C. 诗的前两句叙事,后两句直抒胸臆,全诗运用映衬对照的手法来凸现主题。

D. 全诗既流露出对"开元盛世"的留恋,又流露出"风景依旧,人事全非"的感慨。

4. 这首诗表达了诗人怎样的思想感情?

编注者:艾 霞

【参考答案】
1. 寻常 几度 又逢
2. 比喻国运衰微,人生落魄,盛时不再。(不只是写景。不仅点明暮春时令,而且隐喻着彼此飘零、社会动乱、民生凋敝等家国之情。)
3. C
4. 对开元盛世的无限怀念,对国运衰微现实的无限感慨和自身身世飘零的深切感伤。

词牌初识

鹊桥仙

1. 词牌介绍:

鹊桥仙,又名"鹊桥仙令"等。"七夕,织女当渡河,使鹊为桥。"因取一位曲名,以咏牛郎织女相会事。以欧阳修《鹊桥仙·月波清霁》为正体,双调五十六字,前后段各五句、两仄韵。另有双调五十六字,前后段各五句、三仄韵;双调五十八字,前后段各五句、两仄韵等变体。代表作品有苏轼《鹊桥仙·七夕》、秦观《鹊桥仙·纤云弄巧》等。

2. 格律举例:

中平中仄,中平中仄,中仄中平中仄(韵)。中平中仄仄平平,仄中仄、平平中仄(韵)。

中平中仄,中平中仄,中仄中平中仄(韵)。中平中仄仄平平,仄中仄、平平中仄(韵)。

(说明:平,填平声字;仄,填仄声字;中,可平可仄。)

3. 范例:《鹊桥仙·纤云弄巧》

纤云弄巧,飞星传恨,银汉迢迢暗度。金风玉露一相逢,便胜却人间无数。

柔情似水,佳期如梦,忍顾鹊桥归路。两情若是久长时,又岂在朝朝暮暮。

［清］ 高简 《围炉夜话图轴》

闻官军①收河南河北②

[唐] 杜甫

剑外③忽传收蓟北④，初闻涕⑤泪满衣裳。
却看妻子⑥愁何在，漫卷诗书喜欲狂⑦。
白日⑧放歌⑨须纵酒，青春⑩作伴⑪好还乡。
即从巴峡穿巫峡⑫，便⑬下襄阳向洛阳。

注释

①官军：指唐朝军队。
②河南河北：唐代河南道、河北道，指今河南、山东、河北省一带。
③剑外：剑南，剑门关以南，指蜀中。
④蓟（jì）北：泛指唐代幽州、蓟州一带，今河北北部地区，是安史叛军的根据地。
⑤涕：眼泪。
⑥妻子：妻子和孩子。
⑦喜欲狂：高兴得简直要发狂。
⑧白日：明朗的阳光。
⑨放歌：放声歌唱。
⑩青春：指明丽的春天景色。
⑪作伴：与妻儿一同。
⑫巫峡：长江三峡之一，因穿过巫山得名。
⑬便：就的意思。

古诗今读

在剑南忽然听说，收复蓟北的消息，
初听到悲喜交集，涕泪沾满了衣裳。
回头看看妻子儿女，忧愁不知去向？
胡乱收卷诗书，我高兴得快要发狂！

白天我要开怀痛饮,放声纵情歌唱;
明媚春光和我做伴,我好启程还乡。
仿佛觉得,我已从巴峡穿过了巫峡;
很快便到了襄阳,旋即又奔向洛阳。

赏析要点

这是一首叙事抒情诗,写于代宗广德元年(763年),当时杜甫听闻叛军最后一个首领史朝义自缢,其部将李怀仙斩其首来献,河南、河北各地全部收复,于是,延续八年之久的"安史之乱"终于平定,杜甫欣喜若狂,写下这"生平第一首快诗"。

首联"初闻"紧承"忽传"。"忽传"表现捷报来得突然,"涕泪满衣裳"则以形传神,表现突然传来的捷报在"初闻"的一刹那所激发的感情波涛,这是喜极而悲、悲喜交集的真实表现。

颔联以转作承,落脚于"喜欲狂",这是惊喜的情感洪流涌起的更高洪峰。战乱中愁云惨淡的气氛不见了,亲人们个个笑逐颜开,喜气洋洋。作者再也无心伏案了,随手卷起诗书,大家同享胜利的欢乐。

颈联就"喜欲狂"做进一步抒写。"白日","放歌",也不宜"纵酒";如今既要"放歌",还须"纵酒",正是"喜欲狂"的具体表现。这句写"狂"态,下句则写"狂"想。"青春"指春季,春天已经来临,在鸟语花香中与妻子儿女们"作伴",正好"还乡"。想到这里,又怎能不"喜欲狂"!

尾联写"青春作伴好还乡"的狂想鼓翼而飞,虽身在他乡,但心已回到曾被战火荼毒的故乡。惊喜的感情洪流于洪峰迭起之后卷起连天高潮,全诗也至此结束。

作者掠影

杜甫(712~770),唐代伟大的现实主义诗人,字子美,自号少陵野老,本襄阳人,后迁河南巩县。与李白合称"李杜"。为了与另两位诗人李商隐与杜牧即"小李杜"区别,杜甫与李白又合称"大李杜",杜甫也常被称为"老杜"。杜甫在中国古典诗歌中的影响非常深远,被后人称为"诗圣",他的诗被称为"诗史"。后世称其杜拾遗、杜工部,也称他杜少陵、杜草堂。杜甫创作了《春望》《北征》《三吏》《三别》等名作。杜甫的思想核心是儒家的仁政思想,他有"致君尧舜上,再使风俗淳"的宏伟抱负。杜甫虽然在世时名声并不显赫,但后来声名远播,对中国文学和日本文学都产生了深远的影响。杜甫共有约1500首诗歌被保留了下来,大多集于《杜工部集》。

延伸阅读

杜甫诗歌风格的成因

杜甫诗歌的风格特色是"沉郁顿挫"。"沉郁顿挫"首先表现为深沉忧思的感情基调。在这深沉忧思里,蕴含着一份忧念国家命运、人民疾苦的深厚感情,所以显得阔大深远。杜甫表达感情的方法是波澜起伏、反复咏叹、百转千回。往往感情要爆发了,却又折回去,在心中回流,像有一座感情的闸门阻拦住,让感情在受阻之后再缓慢流出,因此那感情的抒发,也就显得更加深沉。

那么,是哪些原因导致杜甫诗歌的这种风格呢?

第一,丰富、坎坷的人生阅历。

第二,"万方多难"的时代特征。

第三,"忧国忧民"的情怀。

总之,"沉郁顿挫"是杜诗风格的概括,这是指杜诗风格的整体而言的。就其每一首诗歌而论,则它们又各具不同的面貌和特征,如有的壮丽,有的雄浑,有的悲凉,有的苍劲,但都融合在"沉郁顿挫"的基调之中,构成了杜诗风格丰富的内涵。

考试链接

1. "漫卷诗书喜欲狂"这一句运用了_____的描写方法,表达了作者_____的心情。

2. 尾联"即从巴峡穿巫峡,便下襄阳向洛阳"表达了作者怎样的思想感情?

编注者:石 媛

【参考答案】
1. 动作描写(或神态描写)　喜悦
2. 归心似箭(急切)的心情。

［清］禹之鼎 《闲敲棋子图轴》

约 客

[宋] 赵师秀

扫一扫，听朗读

黄梅时节①家家雨②，

青草池塘处处蛙③。

有约④不来过夜半，

闲敲棋子落灯花⑤。

注释

①黄梅时节：五月，江南梅子熟了，大都是阴雨绵绵的时候，称为"梅雨季节"，所以称江南雨季为"黄梅时节"。意思就是夏初江南梅子黄熟的时节。

②家家雨：家家户户都赶上下雨。形容处处都在下雨。

③处处蛙：到处是蛙声。

④有约：即为邀约友人。

⑤落灯花：旧时以油灯照明，灯芯烧残，落下来时好像一朵闪亮的小花。落，使……掉落。灯花，灯芯燃尽结成的花状物。

古诗今读

梅子黄时，家家都笼罩在雨中，长满青草的池塘边上，传来阵阵蛙声。

时间已过午夜，已约好的客人还没有来，我无聊地轻轻敲着棋子，震落了点油灯时灯芯结出的疙瘩。

赏析要点

与人约会而久候不至，难免焦躁不安，这大概是每个人都会有的经验，以此入诗，就难以写得蕴藉有味。然而赵师秀的这首小诗状写此种情致，却写得深蕴含蓄，余味曲包。

这首七绝前两句对仗工整，点明时令的同时，也营造出一种动中求静的意境美。黄梅、青草、池塘、蛙声、雨声，构成了独具韵味的江南夏夜之景：池塘边的青草因为雨水而湿漉漉的，水面上漾起薄薄的水汽，远处的梅树静静地立在夜中，蛙声清脆悠远，直入诗人心间。诗人描写的这种环境，看似"热闹"，实际上却反衬出一种"寂静"。

第三句"有约不来过夜半"，用"有约"点出了诗人曾"约客"来访，"过夜半"说明了等待时间之久，主人耐心而又有几分焦急地等着，本来期待的是约客的叩门声，但听到的却只是一阵阵的雨声和蛙声，比照之下更显示出作者焦躁的心情。

第四句是全诗的诗眼，使诗歌陡然生辉。诗人约客久候不到，灯芯渐渐燃尽，诗人百无聊赖之际，下意识地将棋子在棋盘上轻轻敲打，而笃笃地敲棋声又将灯花都震落了。诗人独自静静地敲着棋子，看着满桌的灯花，友人久等不至，虽然使他不耐烦，但诗人的心绪却从这一刹那脱离了等待，陶醉于窗外之景并融入其中，寻到了独得之乐。

全诗通过对撩人思绪的环境及"闲敲棋子"这一细节动作的渲染，既写了诗人雨夜候客来访的情景，也写出约客未至的一种怅惘的心情，可谓形神兼备。全诗生活气息较浓，又摆脱了雕琢之习，清丽可诵。

作者掠影

赵师秀（1170～1219），南宋诗人，字紫芝，号灵秀，又号天乐，永嘉（今浙江省温州市）人，光宗绍熙元年（1190年）进士，与徐照（字灵晖）、徐玑（字灵渊）、翁卷（字灵舒）并称"永嘉四灵"，人称"鬼才"，开创了"江湖派"一代诗风。有《赵师秀集》二卷、《天乐堂集》一卷，已佚。仅有《清苑斋集》传世。

延伸阅读

永嘉四灵

"永嘉四灵"是南宋后期诗坛的一个文学流派。因为他们的籍贯都是浙江永嘉（今温州），且四人的字或号都有一个"灵"字，赵师秀号灵秀，翁卷字灵舒，徐玑字灵渊，徐照字灵晖，四人的诗歌风格、生平际遇都有相似之处，因而把他们联系在一起，名为"永嘉四灵"。

他们都是中下层文人，有的当过小官，有的终身未仕，本来有满肚子的愤懑不平，因此在诗歌方面，他们明确地把人生遭遇与情趣最为接近的贾岛、姚合作为楷模，以五律为写作的主要载体，苦心雕琢推敲，锤炼字句，以表现一种凄清冷漠的心境和自然淡泊的高逸情怀。

赵师秀在"永嘉四灵"中排行第四，但以影响而论，他的地位最为突出。这不仅是因为在创作方面"最为佼佼者"（贺裳《载酒园诗话》）"名冠四灵"，更重要的是他通过编选《而妙》《众妙》两集，总结了同仁的艺术主张，公开打出宗法晚唐的旗帜，以"姚贾诗法"相号召，直接影响了一大批江湖诗人，打破了"资书为诗"生硬晦涩的江西诗派横霸南宋末诗坛的局面。刘克庄《悼师秀》诗云："夺到斯人处，词林亦可悲。世间空有字，天下便无诗。"语虽不无夸张，却反映了在大多数江湖诗人心目中赵师秀作为开启一代诗风的诗界领袖地位。

考试链接

1. 诗歌前两句写景营造了怎样的氛围？
2. 简略分析"闲敲棋子落灯花"中，"敲"与"落"这两个动词的妙处。
3. 请用自己的话地描述这首诗优美的意境。

编注者：封亚萍

【参考答案】
1. 营造了单调、寂寞的氛围。
2. ①"敲"写出了客人迟迟不来的焦急，"落"写出了客人不来的失落与无耐。②"敲"与"落"衔接紧密，将等待客人到来的心境刻画得极为生动。
3. 在一个烟雨迷蒙的夜晚，乡村池塘中传来阵阵蛙鸣。直到半夜诗人也没有等到他约请的朋友，只好一个人伴着昏黄的油灯，无聊地敲着棋子，棋子震落了灯花。

刘凌沧 《吟诗图》

如梦令

[宋] 李清照

昨夜雨疏风骤①，浓睡②不消残酒③。试问卷帘人④，却道海棠依旧。知否，知否？应是绿肥红瘦⑤。

注释

①雨疏风骤：雨点稀疏，晚风急猛。疏，指稀疏。
②浓睡：酣睡。
③残酒：尚未消散的醉意。
④卷帘人：有学者认为此指侍女。
⑤绿肥红瘦：绿叶繁茂，红花凋零。

古词今读

昨天夜里，雨点稀疏，晚风急猛，虽然酣睡了一宵，还是余醉未消。问那卷帘的侍女，园中的海棠花怎么样了？她却告诉我说，海棠花还跟原先那样。唉，你知道吗？一夜的风雨过后，海棠树应该是绿叶繁茂、红花凋零了。

赏析要点

这首词借宿酒醒后询问花事的描写，曲折委婉地表达了词人的惜花伤春之情，语言清新，词意隽永。

起首两句，词面上虽然只写了昨夜饮酒过量，翌日晨起宿醒尚未尽消，但在这个词面的背后还潜藏着另一层意思，那就是昨夜酒醉是因为惜花。这位女词人不忍看到明朝海棠花谢，所以昨夜在海棠花下才饮了过量的酒，直到今朝尚有余醉。

三、四两句所写，是惜花心理的必然反映。尽管饮酒致醉一夜浓睡，但清晓酒醒后所关心的第一件事仍是园中海棠。词人情知海棠不堪一夜骤风疏雨的揉损，窗外定是残红狼藉，落花满眼，却又不忍亲见，于是试着向正在卷帘的侍女问个究竟。"试问"的结果——"却道海棠依旧。"侍女的回答却让词人感到非常意外。本来以为经过一夜风雨，海棠花一定凋谢得不成样子了，可是侍女卷起窗帘，看了看外面之后，却漫不经心地答道：海棠花还是那样。一个"却"字，既表明侍女对女主人委屈的心事毫无觉察，对窗外发生的变化无动于衷，也表明词人听到答话后感到疑惑不解。她想："雨疏风骤"之后，"海棠"怎会"依旧"呢？这就非常自然地带出了结尾两句。

"知否？知否？应是绿肥红瘦。"这既是对侍女的反诘，也像是自言自语：这个粗心的丫头，你知道不知道，园中的海棠应该是绿叶繁茂、红花稀少才是。这句对白写出了诗画所不能道，写出了伤春易春的闺中人复杂的神情口吻，可谓"传神之笔。海棠虽好，风雨无情，它是不可能长开不谢的。一语之中，含有不尽的无可奈何的惜花情在，可谓语浅意深。而这一层惜花的殷殷情意，自然是"卷帘人"所不能体察也无须更多理会的，她毕竟不能像她的女主人那样感情细腻，那样对自然和人生有着更深的感悟。这也许是她所以作出上面的回答的原因。末了的"绿肥红瘦"一语，更是全词的精绝之笔，历来为世人所称道。"绿"代替叶，"红"代替花，是两种颜色的对比；"肥"形容雨后的叶子因水分充足而茂盛肥大，"瘦"形容雨后的花朵因不堪雨打而凋谢稀少，是两种状态的对比。本来平平常常的四个字，经词人的搭配组合，竟显得如此色彩鲜明、形象生动，这实在是语言运用上的一个创造。由这四个字生发联想，那"红瘦"正是表明春天的渐渐消逝，而"绿肥"正是象征着绿叶成荫的盛夏的即将来临。这种极富概括性的语言，又实在令人叹为观止。

这首小词，只有短短六句三十三言，却写得曲折委婉，极有层次。词人因惜花而痛饮，因情知花谢却又抱一丝侥幸心理而"试问"，因不相信"卷帘人"的回答而再次反问，如此层层转折，步步深入，将惜花之情表达得摇曳多姿。

作者掠影

李清照（1084～1155），宋代著名女词人，号易安居士，齐州章丘（今山东章丘）人。婉约词派代表，有"千古第一才女"之称。

李清照出身书香门第，早期生活优裕，其父李格非藏书甚富，她小时候就在良好的家庭环境中打下文学基础。出嫁后与丈夫赵明诚共同致力于书画金石的搜集整理。金兵入据中原时，流寓南方，境遇孤苦。所作词，前期多写其悠闲生活，后期多悲叹身世，情调感伤。形式上善用白描手法，自辟途径，语言清丽。论词强调协律，崇尚典雅，提出词"别是一家"之说，反对以作诗文之法作词。能诗，留存不多，部分篇章感时咏史，情辞慷慨，与其词风不同。

延伸阅读

李清照买书

北宋女词人李清照十分爱读书，平时李清照出门逛街的时候，很少买针线首饰之类的东西，她最爱去的地方是书市。

有一次她走到了一个不被人注意的小角落，意外发现了一套叫《古金石考》的书。她不禁大吃一惊，这就是她梦寐以求的古书，这部书流落民间几乎失传，李清照抑制不住自己的惊喜，拿起一本便翻看起来。

过了很久，李清照仍在忘我地读着《古金石考》，越看越着迷。不知什么时候，她突然猛醒这是人家要卖的书。她抬起头不好意思地对卖书的老者笑了笑。老者带着慈祥的笑容对她说："没关系！"李清照手里紧握着书，急切地问："老伯，您这套书可是要卖的？"老者点点头："是啊，这是家传的一部古书，按理讲是绝不能卖的。唉，也是小老儿没用，祖上虽然是诗书世家，到了我这一代，竟然只能做个教书先生。也是时运不济，家遭变故，实在是没有可以救急的对象儿了，只好忍痛将这部书拿来典当啊！"老人的语气中流露出一种舍不得的神情，他顿了一下接着说："可是，我还是不忍心就这么把它送到当铺，交给那些不知道珍惜的人去糟蹋，所以就在这儿等着，只想等个懂得它的人来，给它个好归宿！姑娘，看得出你是个识货的人！你要能买了它去，也算了了小老儿的一桩心事。"李清照微笑着问老人："老伯，您需要多少钱来应急？"老者说："唉，应急至少也得三十两吧。姑娘你看着给吧，只要能好好地保存它，就是少点也没什么。"

没等老者把话说完，李清照把自己随身带的钱全部倒出来，仔细查点也不过十两左右，一时有些着急，对老者说："老伯，我今天出门仓促，没有带那么多现钱，你明日可否还在这里？我一定带多于三十两来拿书,好吗?"老者很是为难地说:"姑娘,不是我不答应你,我已经在这里等了三天才等到你这个有缘人,可是我的盘缠早就用得差不多了,不可能再在这里住上一晚。更何况我和家人已经说好,今天日落,无论这书卖不卖得出去,都要和他们一起出城回家的。"

李清照一听,急忙抬头望天,这时已近日暮,就算雇车回家也未必能赶上。一时竟不知道怎么办才好。她不自觉地握了一下衣角,这一握却让李清照有了办法,她立即对老人说:"老伯,您只要再等我一会儿,只一会儿就好!一定要等我啊!"然后转身就跑,留下不知所措的老人站在那里。

过了半个时辰后,老者见李清照只穿一件内衬的单衣跑了回来,手里拿着银两。原来,她把自己的新衣给典当了,换了二十多两银子,连同自己原来的十几两银子,一起交到老人手中。老者看着一个年轻姑娘家竟然为了一套书,不惜当街只穿着单衣薄衫,十分感动。老者说什么也只要三十两,可是李清照没有让他再推辞:"老伯,您给我的可是无价之宝啊,若是今日我身边能再有些银两也会倾囊相赠的。您就不用推辞了。"然后,李清照抱起那套珍贵的《古金石考》,穿着单衣在乍暖还寒的春天里回家去了。

李清照后来成为我国文学史上的第一女词人,与她对知识的热爱,对书的痴迷是分不开的。

考试链接

1. 下列说法不恰当的一项是(　　　)
A. 述说"海棠依旧"的是"卷帘人"。
B. "绿肥红瘦"指春色怡人适于观赏。
C. 诗歌运用了寓情于景的方法。
D. 诗歌抒发了作者的惜春之情。
2. 首句"昨夜雨疏风骤"描绘了怎样一幅画面?
3. 作者主要运用了什么抒情方式,抒发了怎样的感情?

编注者:戴宏辉

【参考答案】
1. B
2. 写出了春天晚上,雨点疏落风刮得很猛烈的情景(要点:时间和"风""雨"的情态。)
3. 主要运用了寓情于景(或借景抒情、间接抒情)的方法抒发了作者的伤春之情。(意思表达清楚即可)

［清］ 龚贤 《溪山无尽图卷》（局部）

夜上受降城闻笛

[唐] 李益

回乐烽①前沙似雪，
受降城②外月如霜。
不知何处吹芦管③，
一夜征人④尽⑤望乡。

注释

①回乐烽：烽火台名。在西受降城附近。一说，当作"回乐峰"，山峰名，在回乐县（今宁夏灵武西南）。
②受降城：唐初名将张仁愿为了防御突厥，在黄河以北筑受降城，分东、中、西三城，都在今内蒙古自治区境内。另有一种说法是：646 年（贞观二十年），唐太宗亲临灵州接受突厥一部的投降，"受降城"之名即由此而来。
③芦管：用芦苇、竹子做成的乐器。
④征人：戍边的将士。
⑤尽：全。

古诗今读

回乐烽前的沙地白得像雪，受降城外的月色有如秋霜。不知是何处响起凄凉委婉的芦管声，使得一夜间远征的人个个眺望故乡思亲人。

举目远眺，回乐峰蜿蜒数十里的丘陵上耸立着座座高大的烽火台，烽火台下是一片无垠的沙漠，在月光的映照下如同积雪的荒原。近看，受降城外月光皎洁，如同深秋的寒霜。在万籁俱寂中，夜风送来呜呜咽咽的芦笛声。是哪座烽火台上的戍卒在借芦笛声倾诉那无尽的边愁？那幽怨的笛声又触动了多少征人的思乡愁怀？在这漫长的边塞之夜，他们一个个披衣而起，忧郁的目光掠过似雪的沙漠，如霜的月地，久久凝视着远方的故乡。

赏析要点

这是一首抒写戍边将士乡情的诗作，从多角度描绘了戍边将士（包括吹笛人）浓烈的乡思和满心的哀愁之情。全诗四句二十八字，抒写了戍边将士思念家乡、怀念亲人的感情。前二句写月下边塞的景色；三句写声音，闻见芦管悲声；四句写心中感受，芦笛声牵动征人回乡之望。全诗把景色、声音、感受融为一体，意境浑成，余味无穷。

"回乐烽前沙似雪，受降城外月如霜。"诗歌的前两句描写了一幅边塞月夜的独特景色。举目远眺，蜿蜒数十里的丘陵上耸立着座座高大的烽火台，烽火台下是一片无垠的沙漠，在月光的映照下如同积雪的荒原。近看，高城之外月光皎洁，如同深秋的寒霜。沙漠并非雪原，诗人偏说它"似雪"，月光并非秋霜，诗人偏说它"如霜"。诗人如此运笔，是为了借这寒气袭人的景物来渲染心境的愁惨凄凉。

正是这似雪的沙漠和如霜的月光使受降城之夜显得格外空寂惨淡，也使诗人格外强烈地感受到置身边塞绝域的孤独，而生发出思乡情愫。

"不知何处吹芦管，一夜征人尽望乡。"如果说前两句写景，景中寓情，蓄而未发；那么后两句则正面写情。在万籁俱寂中，夜风送来呜呜咽咽的芦笛声。这笛声使诗人想到：是哪座烽火台上的戍卒在借芦笛声倾诉那无尽的边愁？那幽怨的笛声又触动了多少征人的思乡愁？在这漫长的边塞之夜，他们一个个披衣而起，忧郁的目光掠过似雪的沙漠，如霜的月地，久久凝视着远方……

"不知何处"，写出了诗人月夜闻笛时的迷惘心情，映衬出夜景的空寥寂寞。"一夜"和"尽望"又道出征人望乡之情的深重和急切。

从全诗来看，前两句写的是色，第三句写的是声；末句抒心中所感，写的是情。前三句都是为末句直接抒情作烘托、铺垫。开头由视觉形象引动绵绵乡情，进而由听觉形象把乡思的暗流引向滔滔的感情的洪波。前三句已经蓄势有余，末句一般就用直抒写出。李益却蹊径独辟，让满腔之情在结尾处打个回旋，用拟想中的将士望乡的镜头加以表现，使人感到句绝而意不绝，在戛然而止处仍然漾开一个又一个涟漪。这首诗艺术上的成功，就在于把诗中的景色、声音、感情三者融合为一体，将诗情、画意与音乐美熔于一炉，组成了一个完整的艺术整体，意境浑成，简洁空灵，而又具有含蕴不尽的特点。

这首诗语言优美，节奏平缓，寓情于景，以景写情，写出了将士眼前之景，心中之情，感人肺腑。诗意婉曲深远，让人回味无穷。刘禹锡《和令狐相公言怀寄河中杨少尹》中提到李益，有"边月空悲芦管秋"句，即指此诗。可见此诗在当时已传诵很广。《唐诗纪事》说这首诗在当时便被度曲入画。仔细体味全诗意境，的确也是谱歌作画的佳品。因而被谱入弦管，天下传唱，成为中唐绝句中出色的名篇之一。

作者掠影

李益（约750～约830），唐代诗人，字君虞，祖籍凉州姑臧（今甘肃武威市凉州区），后迁河南郑州。大历四年（769年）进士，授华州郑县（今陕西华县）尉，久不得升迁，多次从军边塞出任幕僚。建中二年（781年），随崔宁"巡行朔野"，到过灵州。建中四年（783年）登书判拔萃科。因仕途失意，后弃官在燕赵一带漫游。797年任幽州节度使刘济从事。后脱离军府漫游江淮。800年南游扬州等地，写了一些描绘江南风光的佳作。820年后入朝，历秘书少监、集贤学士、左散骑常侍等职。827年以礼部尚书致仕。李益是中晚唐的重要诗人，也是中唐边塞诗的代表诗人，其边塞诗虽不乏壮词，但偏于感伤，主要抒写边地士卒久戍思归的怨望心情，不复有盛唐边塞诗的豪迈乐观情调。他擅长绝句，尤工七绝，当时曾被配上乐曲，流传很广；律体也不乏名篇。今存《李益集》二卷，《李君虞诗集》二卷。

延伸阅读

从军北征

[唐]李益

天山雪后海风寒，横笛偏吹行路难。
碛里征人三十万，一时回首月中看。

在中唐诗人中，李益的边塞诗是很有特色的。大历四年（769年）进士及第后，李益仕途并不畅达。后来入渭北节度使臧希让、朔方节度使李怀光等人幕府,在西北边地生活了好多年,所以他的边塞诗是有生活体验之作。他在自己的从军诗赠左补阙卢景亮的《自序》中说:"从事十八载,五在兵间,故为文多军旅之思。"他的边塞诗,慷慨悲凉,又带有些许伤感情绪,真切感人。

《从军北征》是唐代边塞诗人李益的又一名作,全诗描绘出了一个壮阔又悲凉的行军场景。经诗人剪裁、加工,注入了自己的感情。全诗营造出凄美空灵、完整和谐的艺术意境。乐声对人有巨大的感染力。李益在他的一些写边情旅思的诗中都善于从这一点着眼、下笔,让读者随同乐声进入诗境,通过乐声的反应窥见诗中人物的内心世界。第一句写的是景色,第二句写的是乐声,三、四句写的是心中所感,写的情感。前二句都是为了三、四句直接抒情作烘托、铺垫。全诗色、音、情三者融合为一体,将诗情、画意与音乐美熔为一炉,传递出深沉悲凉的将士思乡情,具有含蕴不尽的抒情特色。

考试链接

1. 诗中"沙似雪""月如霜"两个生动的比喻,形象地描绘出边塞怎样的环境特点?

2. 这首诗被推崇为中唐边塞诗的绝唱,抒发了诗人怎样的思想情感?

3. 前人在评论这首诗时认为,"吹芦管"是理解本诗思想的关键,你同意这一说法吗?为什么?

编注者:段丽娜

【参考答案】
1. 描绘出一种寒冷、凄凉的环境特点。
2. 表达了诗人怀念家乡的思想情感。
3. 同意。"吹芦管"是在"沙似雪、月如霜"的受降城上听到的,由末句的"一夜征人尽望乡"可知,这芦管所吹的曲子正是思乡之曲,本诗的自然环境与芦管曲调融为一体,表达了无限的思乡之情。

[清] 梅清 《仿古山水》（之七）

十一月四日风雨大作（其二）

[宋] 陆游

扫一扫，听朗读

僵卧①孤村②不自哀③，
尚思为国戍轮台④。
夜阑⑤卧听风吹雨⑥，
铁马⑦冰河⑧入梦来。

注释

①僵卧：躺卧不起。这里形容自己穷居孤村，无所作为。僵，僵硬。
②孤村：孤寂荒凉的村庄。
③不自哀：不为自己哀伤。
④戍（shù）轮台：在新疆一带防守，这里指戍守边疆。戍，守卫。轮台，在今新疆境内，是古代边防重地。此代指边关。
⑤阑（lán）：夜深。
⑥风吹雨：风雨交加，和题目中"风雨大作"相呼应；当时南宋王朝处于风雨飘摇之中，"风吹雨"也是时局写照，故诗人直到深夜尚难成眠。
⑦铁马：披着铁甲的战马。
⑧冰河：冰封的河流，指北方地区的河流。

古诗今读

我直挺挺躺在孤寂荒凉的乡村里，没有为自己的处境而感到悲哀，心中还想着替国家防卫边疆。

夜将尽了，我躺在床上听到那风雨的声音，迷迷糊糊地梦见，自己骑着披着铁甲的战马跨过冰封的河流出征北方疆场。

赏析要点

诗以"痴情化梦"的手法,深沉地表达了作者收复国土、报效祖国的壮志和那种"年既老而不衰"的矢志不渝精神,向读者展示了诗人的一片赤胆忠心。

诗的前两句直接写出了诗人自己的情思。"僵卧"道出了诗人的老迈境况,"孤村"表明与世隔绝的状态,一"僵"一"孤",凄凉之极,为什么还"不自哀"呢?因为诗人的爱国热忱达到了忘我的程度,已经不把个人的身体健康和居住环境放在心上,而是"尚思为国戍轮台",犹有"老骥伏枥,志在千里"的气概。但是,他何尝不知道现实是残酷的,是不以人的意愿为转移的,他所能做的,只是"尚思"而已。这两句集中在一个"思"字上,表现出诗人坚定不移的报国之志和忧国忧民的拳拳之念!

后两句是前两句的深化,集中在一个"梦"字上,写得形象感人。诗人因关心国事而形成戎马征战的梦幻,以梦的形式再现了"戍轮台"的志向,"入梦来"反映了政治现实的可悲:诗人有心报国却遭排斥而无法杀敌,一腔御敌之情只能形诸梦境。但是诗人一点也"不自哀",报国杀敌之心却更强烈了。日有所思,夜有所梦。因此,"铁马冰河"的梦境,使诗人强烈的爱国主义的思想感情得到了更充分的展现。

作者掠影

陆游(1125~1210),南宋爱国诗人、词人。字务观,号放翁,越州山阴(今浙江绍兴)人。少时受家庭爱国思想熏陶,高宗时应礼部试,为秦桧所黜。孝宗时赐进士出身。中年入蜀,投身军旅生活,官至宝章阁待制。晚年退居家乡,但收复中原信念始终不渝。

他具有多方面文学才能,尤以诗的成就为最,在生前即有"小李白"之称,不仅成为南宋一代诗坛领袖,而且在中国文学史上享有崇高地位,存诗9300多首,是文学史上存诗最多的诗人,内容极为丰富,抒发政治抱负,反映人民疾苦,风格雄浑豪放;抒写日常生活,也多清新之作。词作量不如诗篇巨大,但和诗同样贯穿了气吞残虏的爱国主义精神。有《剑南诗稿》《渭南文集》《南唐书》《老学庵笔记》《放翁词》《渭南词》等数十个文集传世。

延伸阅读

筑 书 巢

陆 游

我的屋子里,有的书堆在木箱上,有的书陈列在前面,有的书放在床上,抬头低头看着,四周环顾下来,没有不是书的。我的饮食起居,生病呻吟,感到悲伤,忧愁,愤怒,感叹,但与书却永远在一起的。客人不来拜访,妻子子女不相见,而刮风下雨打雷落冰雹等(天气)变化,也都不知道。偶尔想要站起来,但杂乱的书围绕着我,好像积着的枯树枝,有时到了不能行走(的地步),于是就自己笑自己说:"这不是我所说的鸟窝吗?"于是邀请客人走近看(当时的情形)。客人开始不能够进入(屋子),进到屋中,又不能出来,于是(客人)也大笑着说:"它确实像鸟窝啊!"

考试链接

1. 对本诗品析有误的一项是( )

A. 诗的一、二句集中在一个"思"字上,强烈地表达了诗人希望报效祖国的爱国之情。

B. 诗的三、四句集中在一个"梦"字上,幻化出的是诗人魂牵梦绕的情境。

C. 全诗格调积极向上,具有强烈的感染力。

D. "僵卧"道出了老迈境况,"孤村"表明与世隔绝的状态,真切地写出了作者怀才不遇的凄凉情景。

2. 诗中"僵"与"孤",写出了诗人当时怎样的处境?它们在诗中有什么作用?

3. 本诗表达了作者怎样的愿望?

编注者:林新杰

【参考答案】

1. D
2. "僵""孤"意为卧病在床,孤苦无助,其作用是以"僵卧孤村"来反衬"不自哀",更显其志坚定不移。
3. 表达了作者要为收复失地、统一国家而献身的强烈愿望。

[元]赵雍《挟弹游骑图轴》

逢入京使

[唐] 岑参

扫一扫，听朗读

故园①东望路漫漫②，
双袖龙钟③泪不干。
马上相逢无纸笔，
凭④君传语⑤报平安。

注释

①故园：指长安和自己在长安的家。
②漫漫：极言去西域的路途遥远。
③龙钟：涕泪淋漓的样子。
④凭：托，烦，请。
⑤传语：捎口信。

古诗今读

征程遥遥，回头东望，不见长安，只见一路征尘茫茫，抑不住热泪滚滚而下，淋湿了双袖，流淌不尽。这是怎样的缘分啊，竟然能与你在马上相遇，可惜却没有纸笔写一封家信，西奔东归，交臂而过，只能托你捎个口信，告诉我的家人，我一切平安无恙。

赏析要点

第一句写景。离开长安已经好多天，回头一望，只觉长路漫漫，尘烟蔽天。思念之情不免袭上心头。

第二句直抒胸臆。用夸张的修辞手法强调了自己思念亲人之心日盛，暗暗透出捎家书的微意了，也为下文"报平安"做了铺垫。"龙钟"和"泪不干"都形象地描绘了诗人对长安亲人无限眷念的深情神态。

三、四句叙事。完全是行者匆匆的口气,"逢"字传神生动,彼此都是戎马倥偬(kǒng zǒng),只能立马话征程。

这首诗的好处之一在于情感的抒发,岑参此行是抱着"功名只向马上取"的雄心,无情未必真豪杰,思亲恋家的柔情和渴望建功立业的豪情,征程的颠沛艰辛,思乡的肝肠寸断交织相融,感人至深。再者,这首诗歌语言朴素自然,晓畅明白,而又感情浓郁,余味悠长。清人刘熙载曾说:"诗能于易处见工,便觉亲切有味。"(见《艺概·诗概》)岑参这首诗,正有这一特色。

作者掠影

岑参(715～770),唐朝著名诗人,南阳人,出生官僚之家,父亲早逝,家道中落,跟随兄长学习,博览群书。三十岁(744年)时举进士,初为率府兵曹参军。后两次从军边塞,安史之乱后回朝,由杜甫等举荐,曾任嘉州刺史(今四川乐山),世称"岑嘉州"。罢官后,客死成都。与高适并称"高岑",是盛唐时著名的边塞诗代表人物,其诗歌富有浪漫主义的特色,想象丰富,色彩瑰丽,气势雄伟,热情奔放,尤其擅长七言歌行,代表作《白雪歌送武判官归京》中"忽如一夜春风来,千树万树梨花开"是写塞外绮丽之景的千古绝唱。

延伸阅读

创作背景及诗词内容变化

《逢入京使》诗作于天宝八载(749年)。当时岑参被高仙芝奏请为右威卫录事参军,到安西节度使幕府任掌书记,那年岑参三十五岁,正是青壮之年。学习时不能把《逢入京使》当作一首孤立的作品,而是把它跟岑参别的诗歌联系起来阅读、理解,是一件有趣的事情。《逢入京使》作于岑参初次从戎、远赴西北边疆的途中,忧虑,思念,感伤,情感脆弱,胸襟不广。随着真正深入西北边疆,经历日多,他渐渐从一个文弱的官宦子弟蜕变为处变不惊、吃苦耐劳、勇敢坚韧的军人。人生的历练,胸襟的开阔,同时也使他的边塞诗创作独具一格,成就巨大。

按照顺序阅读、细品如下诗歌、诗句，我们可以明显感觉到岑参的蜕变：

故园东望路漫漫，双袖龙钟泪不干。马上相逢无纸笔，凭君传语报平安。（《逢入京使》）

北风卷地白草折，胡天八月即飞雪。忽如一夜春风来，千树万树梨花开。……（《白雪歌送武判官归京》）

轮台九月风夜吼，一川碎石大如斗，随风满地石乱走。……（《走马川行奉送封大夫出师西征》）

功名只向马上取，真是英雄一丈夫！（《送李副使赴碛西官军》）

无论是写景，还是抒情，岑参都在变得更加强大，更加勇敢，更加成熟。

考试链接

1. 一二句"龙钟""泪不干"的浓重色彩与三四句"凭君传语报平安"的轻描淡写似乎有些矛盾，你是怎样理解的？
2. "凭君传语报平安"表达了诗人怎样的心理？
3. 这首诗表达了诗人怎样的情感？

编注者：曹雨燕

【参考答案】

1. 不矛盾。"马上相逢"彼此行色匆匆，没有纸笔，赶紧托他捎回平安的口信，真切地表达了思家的深情。这"传语"二字，寄托了诗人全部的思家之情；而"平安"二字，却是家人最挂怀的讯息。纯朴的描写流露出诗人远涉边塞的思乡怀亲之情。
2. 表达了诗人挂念亲人而又无可寄托，担心亲人挂念自己的复杂心理。
3. 表达了诗人远涉边塞的思乡怀亲之情和渴望建功立业的开阔豪迈胸襟。

《游春图》

思帝乡①

[唐] 韦庄

扫一扫,听朗读

春日游,杏花吹满头。陌上谁家年少,足②风流。

妾拟将身嫁与,一生休③。纵④被无情弃⑤,不能羞⑥。

注释

①思帝乡:原是唐教坊曲名,后用作词调名。
②足:足够,十分。
③一生休:一辈子就这样罢了,意思是一生就满足了,也就是说一生有了依托,一生满足。休,此处指心愿得遂后的罢休,喜悦,欢乐。
④纵:纵然,即便。
⑤弃:抛弃,弃置。
⑥不能羞:意谓不会感到害羞后悔,即也不在乎。

古词今读

春日里游玩,那飘飞的杏花吹满了我的头。风和日丽,这时光多么美妙!田间小路上走过来的,是哪家的少年呢,如此风度翩翩,如此风流倜傥!我打算将自己嫁与他终身为伴啊,不完成这个心愿,我一辈子不会罢休。即使被无情地抛弃,也不会感到害羞后悔。

赏析要点

韦庄的这首《思帝乡》用赋的手法,写一个怀春少女对爱情的大胆表白:敢于说出自己的爱,敢于以身相许,甚至不计后果,即使将来遭到遗弃也在所不惜。也许,在当时以婉约含蓄为正宗的审美观里,韦庄的这首《思帝乡》显得非常"另类"。

"春日游,杏花吹满头",点明了季节。有一个如花似玉的少女,满面春风地漫步在花径中,微风吹来，落英缤纷，花雨飘洒在少女的头上。仅有八个字就勾勒出一幅春意盎然色彩绚丽的少女春游图。

"陌上谁家少年，足风流"，是写少女所见，也是文中的又一主人公。这位少年公子也是在风和日丽的时刻，趁着大好时光，信步出来郊游的。他那风度翩翩的姿态，英俊潇洒的形象，使得少女一见钟情。

"妾拟将身嫁与，一生休。纵被无情弃，不能羞。"这是写少女的心理活动。她打算嫁给少年终身和他相伴，并决定即使是被薄情抛弃，也不后悔。

这首词以真率的语言，描写内心的情感，这在当时以婉约含蓄为正宗的文艺领域里可谓别开生面，独放异彩。

此外白描手法的使用也堪称典范。作者用淡雅的语言，描写了少女的美丽形象和坦率的性格。把迷人的春天展现在读者的面前，真挚的情感引起读者的共鸣。其语言有浓厚的民歌风味，节奏上有一定的音乐性，长短错乱的句式，有利于表现突发情感，声情激越，扣人心弦。最后用誓言似的短语作结，强烈表达了女主人公对爱情的坚贞不渝。

韦庄这首小词，虽不必有儒家之修养与楚骚之钟爱的用心，然而其所写的用情之态度与殉身之精神，却着实可以引发读者一种深层的感动与丰美的联想。

作者掠影

韦庄（约836~910），五代时期诗人，字端己，杜陵（今中国陕西省西安市附近）人，曾任前蜀宰相，谥文靖。诗人韦应物的四代孙，与温庭筠同为"花间派"代表作家，并称"温韦"。其家族至韦庄时已衰，他父母早亡。

韦庄才思敏捷，其词多写自身的生活体验和上层社会之冶游享乐生活及离情别绪，善用白描手法。词风清丽，有《浣花词》流传。所著长诗《秦妇吟》反映战乱中妇女的不幸遭遇，在当时颇负盛名，与《孔雀东南飞》《木兰诗》并称"乐府三绝"。

延伸阅读

韦庄的"唐朝往事"
——读《菩萨蛮》有感

劝君今夜须沉醉，尊前莫话明朝事。珍重

主人心，酒深情亦深。须愁春漏短，莫诉金杯满。遇酒且呵呵，人生能几何。

红楼别夜堪惆怅，香灯半掩流苏帐。残月出门时，美人和泪辞。琵琶金翠羽，弦上黄莺语。劝我早归家，绿窗人似花。

人人尽说江南好，游人只合江南老。春水碧于天，画船听雨眠。垆边人似月，皓腕凝霜雪。未老莫还乡，还乡须断肠。

如今却忆江南乐，当时年少春衫薄。骑马倚斜桥，满楼红袖招。翠屏金屈曲，醉入花丛宿。此度见花枝，白头誓不归。

洛阳城里春光好，洛阳才子他乡老。柳暗魏王堤，此时心转迷。桃花春水渌，水上鸳鸯浴。凝恨对斜晖，忆君君不知。

整个五阕词，讲了一个完整的故事。一个明线，一个暗线。明线是美人和韦庄；暗线是韦庄和李唐。古代士大夫写"美人"，很多时候是自喻。"美人"寄托于"夫君"，犹如"臣子"寄托于"君王"。所以，很多"思妇""弃妇"的诗词，曲曲折折，其实是自剖心迹。如果赤裸裸地说"皇上啊，我想念你啊"，这个格调未免太低下。自始至终，韦庄都在剖白一个事情，就是无论情境如何，他忠心耿耿，一心向李唐。李唐覆灭后，他只能是"白头誓不归"了。但即便如此，韦庄也要借"美人"之口，说出"凝恨对斜晖，忆君君不知"这一番心迹。

有一个插曲，是关于《秦妇吟》。韦庄的这首诗，名动天下，人们都把它绣到帐子上。但是，韦庄晚年，却把它禁了，导致失传，最后是20世纪初莫高窟发掘，才使它重现天日。我猜想的原因，是因为这首诗，最初是献给周宝的，末尾多有阿谀之词：

诛锄窃盗若神功，惠爱生灵如赤子。城壕固护教效金汤，赋税如云送军垒。奈何四海尽滔滔，湛然一境平如砥。避难徒为阙下人，怀安却美江南鬼。愿君举棹东复东，咏此长歌献相公。

既然韦庄为王建效命，这种东西自然不能有。而王建既然已经自立为王，韦庄身为王建的宰相，即便要怀恋李唐，也不好过于显山露水。将满腔愁绪，寄托于男女之情，倒也合适。

考试链接

1. 赏析"杏花飞满头"中"满"字的妙处。
2. "一生休"三字,表现了主人公怎样的心理?
3. 说说你对"纵被无情弃,不能羞"一句的理解。

编注者:胥君海

【参考答案】
1. 在上一句点明时间、事件的基础上,进一步用杏花渲染气氛。"满"字既写出繁花簇锦的盛况,也写出女主人见花心头澎湃的情感。
2. 既表现了主人公对未来幸福生活一种期盼,也是一种自甘奉献、矢志不移的真挚情感的流露。
3. 这一句出现在全词的结尾,进一步说明自己为情甘愿殉身而无悔的思想,这是山盟海誓的最高境界。

词牌初识

临江仙

1. 词牌介绍:

临江仙,又名《谢新恩》等。双调小令,唐教坊曲。《乐章集》入"仙吕调",《张子野词》入"高平调"。五十八字,上下片各三平韵。约有三格,第三格增二字。柳永演为慢曲,九十三字,前片五平韵,后片六平韵。

2. 格律举例:

中仄中平平仄仄,中平中仄平平(韵),中平中仄仄平平(韵),中平中仄,中仄仄平平(韵)。

中仄中平平仄仄,中平中仄平平(韵),中平中仄仄平平(韵),中平中仄,中仄仄平平(韵)。

(说明:平,填平声字;仄,填仄声字;中,可平可仄。)

3. 范例:《临江仙·滚滚长江东逝水》

滚滚长江东逝水,浪花淘尽英雄,是非成败转头空,青山依旧在,几度夕阳红。

白发渔樵江渚上,惯看秋月春风。一壶浊酒喜相逢,古今多少事,都付笑谈中。

[明] 唐寅 《事茗图》

清平乐①·村居

[宋] 辛弃疾

扫一扫，听朗读

茅檐②低小，溪上青青草。醉里吴音③相媚好④，白发谁家翁媪⑤？

大儿锄豆⑥溪东，中儿正织⑦鸡笼。最喜小儿亡赖⑧，溪头卧⑨剥莲蓬。

注释

①清平乐（yuè）：原为唐教坊曲名，取用汉乐府"清乐""平乐"这两个乐调而命名。后用作词牌名。村居，这首词的题目。
②茅檐：茅屋的屋檐。
③吴音：吴地的方言。作者当时住在信州（今上饶），这一带的方言为吴音。
④相媚好：指相互逗趣，取乐。
⑤翁媪（ǎo）：老翁、老妇。
⑥锄豆：锄掉豆田里的草。
⑦织：编织，指编织鸡笼。
⑧亡（wú）赖：《汉书·高帝纪》："始大人常以臣亡赖，不能治产业，不如仲力。"注云："江淮之间，谓小儿多诈狡狯为亡赖。"这里指小孩顽皮、淘气。亡，通"无"。
⑨卧：趴伏。

古词今读

屋的茅檐又低又小，溪边长满了碧绿的小草。含有醉意的吴地方言，听起来温柔又美好，那满头白发的老人是谁家的呀？

大儿子在溪东的豆地锄草，二儿子正忙于编织鸡笼。最令人喜爱的是小儿子正横卧在溪头草丛，剥食着刚摘下的莲蓬。

赏析要点

作者长期闲居江西农村，对农村生活有极深了解，与农民也有较多接触。《清平乐》，便是一幅着色的画，栩栩如生、有声有色的农村风俗画。

对于大多数读过些书的中国人来说，此为必然接触的"国学"篇目，因此，耳熟能详。描绘了一家五口活动于乡村的生活情态，表现其生活之美和人情之美。同时，体现了作者对田园生活的羡慕与向往，客观上反映其对黑暗官场生活的憎恶。

上片勾勒环境，烘托气氛。开篇，用素描手法，只淡淡几笔，勾出"茅檐""溪上""青草"，便形象地描画出江南农村的特色，为人物的出现布置广阔的背景。三、四句写白发老人。从"醉里"，可看出老人生活之安详；从"媚好"，可看出其精神之愉快。

下片集中写老农的三个儿子，全方位反映了当时农村生活的各个方面，画面在继续扩展。大儿子在溪东的豆地里锄草，半大的孩子在编织鸡笼。词人着力于"小儿"的描绘，共用了两句，占全词四分之一篇幅。"溪头卧剥莲蓬"句，形象刻画出他无忧无虑、天真活泼的神态。对此，词人感到由衷的欢喜。

作者掠影

辛弃疾（1140～1207），南宋词人。字幼安，号稼轩，辛弃疾与苏轼并称为"苏辛"，历城（今山东济南）人。出生时，山东已被金兵所占。二十一岁参加抗金义军，不久归南宋，历任湖北、江西、湖南、福建、浙东安抚使等职。任职期间，采取积极措施，招集流亡，训练军队，奖励耕战，打击贪污豪强，注意安定民生。一生坚决主张抗金。他所提出的抗金建议，均未被采纳，并遭到主和派的打击，曾长期闲居江西上饶、铅山一带。晚年韩侂胄当政，一度起用，不久病卒。其词抒写力图恢复国家统一的爱国情怀，倾诉壮志难酬的悲愤，对南宋上层统治集团的屈辱投降进行揭露和批判；也有不少吟咏祖国河山的作品。艺术风格多样，而以豪放为主。热情洋溢，慷慨悲壮，笔力雄厚。其《稼轩词》六百二十余首，无论数量之富，质量之优，皆冠两宋。乃人中之杰，词中之龙。

延伸阅读

豪放派

豪放派，是形成于中国宋代的词学流派之一。北宋诗文革新派作家如王安石、苏轼、苏辙都曾用"豪放"一词衡文评诗。第一个用"豪放"评词的是苏轼。

豪放词的特点是创作视野较为广阔，气象恢弘雄放，喜用诗文的手法、句法写词，语词宏博，用事较多，不拘守音律，然而有时失之平直，甚至有点狂怪叫嚣。据南宋俞文豹《吹剑续录》载："东坡在玉堂，有幕士善歌，因问：'我词何如柳七？'对曰：'柳郎中词，只合十七八女郎，执红牙板，歌杨柳岸晓风残月。学士词，须关西大汉，执铜琵琶，铁绰板，唱大江东去。'公为之绝倒。"这则故事，表明两种不同词风的对比。南宋人已明确地把苏轼、辛弃疾作为豪放派的代表，以后一直沿用下来。

考试链接

1. 这首词的作者是____代词人_____。全词以简练的笔触勾画出一幅优美的_____风景图，描绘出一家五口各具情态的形象，借此表现_____和_____。其中"清平乐"是_____。

2. 请用自己的话说说这首词描绘了怎样的情景吗？

编注者：戴宏辉

【参考答案】

1. 宋　辛弃疾　田园　人情之美　生活之趣　词牌名
2. 一座小茅草屋，就在长满青草的溪边。一对白发老夫妻在茅草屋里操着柔美的吴地方言，带着醉意正在互相说话取乐。老夫妻的大儿子在小溪的东面锄豆田里的杂草，二儿子正在编织鸡笼，调皮、可爱的小儿子趴在溪边剥着莲蓬，那憨稚之态格外让人喜欢。（意思对即可）

［元］ 赵孟頫 《双松平远图卷》

减字木兰花①·题雄州②驿③

[宋] 蒋氏女

朝云横度④，辘辘⑤车声如水去。白草黄沙⑥，月照孤村三两家。

飞鸿⑦过也，万结愁肠⑧无昼夜。渐近燕山⑨，回首乡关⑩归路难。

注释

①减字木兰花：词牌名。简称《减兰》。
②雄州：古代燕国都城。周时置雄州，至明代降为县。现为河北雄县。
③驿：驿站，是古代专供递送公文的差人和来往官员住宿休息、换马的处所，相当于今日的政府招待所。
④横度：横，宽阔。度，越过。这里指云范围广，上下翻滚。
⑤辘辘（lù lù）：象声词，指车轮滚动声。唐杜牧《阿房宫赋》："雷霆乍惊，宫车过也；辘辘远听，杳不知其所之也。"
⑥白草黄沙：白草，北方一种牧草，秋天变白。岑参《白雪歌送武判官归京》；"北风卷地白草折"。黄沙：岑参《走马川行奉送封大夫出师西征》诗："平沙莽莽黄入天"。这里指代北方凄凉的景色。
⑦鸿：鸿雁。鸿雁本是候鸟，因其每年秋季南迁，常常引起游子思乡怀亲之情和羁旅伤感。
⑧万结愁肠：《敦煌变文集·王昭君变文》："日月无明照覆盆，愁肠百结虚成着。" 忧愁苦闷的心肠好像凝结成了许多的疙瘩。形容愁绪郁结，难于排遣。愁肠，忧愁的心肠。百结，极多的结头，指数量多。

⑨燕山：在天津市蓟州区东南，绵亘数百里，这里泛指北方边远地带。一说即燕京（今天北京市），代指金国都城。

⑩乡关：故乡。

古词今读

　　清晨，又到了出发的时刻。本该明亮的天空，因为大片大片的乌云在空中翻涌，使得天空变得昏暗。大地上，残暴的金兵押送着一车车掠夺来的财物和许多的囚车又出发了，车轮在前进中发出辘辘的声音。长长的队伍，一眼望不到头，就如迢迢不断的流水，流向人生的陌路。坐在囚车里，映入眼帘的只有那衰败的白草和漫天的黄沙，处处呈现出一片凋敝荒凉的景象。一天的颠簸，迎来了日暮。天空中月亮已经升起来，月光下，孤独的村子只有零落的几户人家，好不凄凉！

　　天空中，一只只鸿雁南飞，应该是到我的家乡去吧！而我却被金人掳掠至此，日也愁、夜也愁，无尽的愁绪涌上心头，不分昼夜地折磨着我幼小的心灵。离金人的都城越来越近，离家却越来越远。想给父母兄弟写封信让南去的鸿雁捎去，但他们已殉国，难啊！想变成一只鸿雁飞回我美丽的故乡，更是比登天还难！想要像鸿雁一样自由飞翔，更是难上加难！

赏析要点

　　开头两句，写被金人用车载向北方出发时的情景。"朝"，点明出发的时间是在早上；"云"，点明出发时的环境气氛是那么惨淡，阴云密布；"横度"，形容阴云突如其来地漫过来。首句看似写景，渲染自然气候之恶劣，实是暗喻当时政治风云的突然变化，形势险恶。一个"横"字，把作者那种祸从天降的特殊感受强调了出来。因此，次句"辘辘车声如水去"就直道其事了。"辘辘"，象声词，形容车轮声。这里是写作者被虏北上、乘敌囚车、不知所往的惨痛情景。"如水去"，既写出被虏妇女之众多，又表达了将一去不返的痛苦心境，比喻生动，含意深长，道尽了国势危亡、一蹶不振，身为俘虏而前途茫茫的深哀大痛。

　　紧承"去"字，作者用"白草黄沙，月照孤村三两家"，描写沿途之所见。"白草"，我国西北地区所产之草，干枯时成白色，故名。唐代边塞诗人岑参有"北风卷地白草折""平沙莽莽黄入天"之句,那是描写天山一带苦寒荒凉的景象;作者在此借用字面,渲染出河北秋季枯草遍地、一片不毛的气氛。在这惨淡萧索的背景之下,只见月光清冷地照着只有三两户人家的荒村,孤零零的,没有一点活气。作者描述敌占区是这样的衰败不堪,凄凉已极,不仅揭示了金兵烧杀掳掠造成的惨象,更衬托出作者被掳离乡、身临异地那种无比悲苦的心境。上句侧重写白天之所见,下句侧重写夜晚之所见,而又文义互见,彼此映衬,合成一幅北国荒寒图,作者的满眼血泪、一腔悲哀也正涂染其上了。

上片写开始被押北行途中的情景,下片写继续北行直至雄州的情景。上片侧重写所见,以写景为主;下片侧重写所思,以抒情为主。

"飞鸿过也,万结愁肠无昼夜。"这是继续被押北行途中的一个特写镜头。作者眼看敌占区荒凉凄冷的景象,心头充满了国破家亡的悲哀,忽然看到鸿雁从北往南地飞去,不禁更撩起了对故乡的怀念、对亲人的追思。然而父母兄弟均死于敌手,即使鸿雁能够传书,自己又不知道投书给谁,何况自己身为俘虏,失去自由,不仅不能像鸿雁那样飞向南方故土,恐怕连投书的自由也没有。这种种愁思,郁结难解,使得愁肠寸断,不知如何是好。

就在这种度日如年的愁境中,"渐近燕山",来到雄州,离金邦的京城——那在燕山脚下的燕京(即中都,北京市)已经不远了。这句既照应词题,又开启下句"回首乡关归路难"。空见飞鸿南去,自己身陷异域,只能回头遥望那难舍难忘的故国乡土,可要顺着此路回去就比登天还难了。作者强烈的怀国思乡之情,深沉的亡国丧家之恨,无可奈何的身为敌俘之悲,已经绝望的永别家园之痛,在此一齐倾诉出来,字字饱含着血泪。全词"寥寥数十字,写出步步留恋,步步凄恻"(况周颐《蕙风词话续编》)。家国之恨,被掳之痛,怀乡之情,仔细体味,真是撼人肺腑、感人涕下。

在词风大盛的宋朝,在一个名篇佳作辈出的时代,这篇溅血凝泪的绝命词就像一颗璀璨夺目的明珠!虽然全词写的是个人的不幸,却反映出当时广大人民的普遍遭遇。一首小词的身后,竟有这么厚厚的人生沧桑,国仇家恨。所幸,抖落厚厚的风尘,没有将其湮没,在一所驿站的墙上,我们记住了这位无名少女。时光沧桑中,又有多少这样的无名氏,带着一身清骨,一腔无法抉择的命运,没入历史的深处。

作者掠影

蒋氏女，父蒋兴祖，靖康间阳武令。宜兴（属江苏）人。能诗词。据《宋史·忠义传》记载，钦宗靖康年间，金兵南侵时，蒋兴祖为阳武县令，在城被围时，坚持抗战，至死不屈，极为忠烈。他的妻、子均死于此。其女年轻貌美，被金兵掳去，押往金人京师——中都（今北京），在途经雄州驿时，题《减字木兰花》词于壁。

延伸阅读

减字木兰花·莺初解语

[宋] 苏轼

莺初解语，最是一年春好处。微雨如酥，草色遥看近却无。

休辞醉倒，花不看开人易老。莫待春回，颠倒红英间绿苔。

上阕，写初春美好时光。第一、二句点明初春的时令："莺初解语"；点明初春地位："最是一年春好处"。接着三、四句就写初春美景："微雨如酥，草色遥看近却无。"通过初春细雨滋润草根由青色而转明丽这一细微变化，把如画的春光美景生动地描绘出来。尤其是"草色遥看近却无"，观察得极为细致，描写得极为逼真。因为远看刚刚返青的草芽，呈现青色；而近看草芽，则仍是黄色的了。这自然不是东坡的发现，早在唐代，韩愈就注意到了，并写进他的《早春呈水部张十八员外》诗中去了。诗写道："天街小雨润如酥，草色遥看近却无。最是一年春好处，绝胜烟柳满皇都。"东坡点化运用韩诗的传神之诗句，用进上片，正好道出了初春的可贵而又不露痕迹。

下阕，劝人尽赏春光。"休辞醉倒，花不看开人易老"，是说不要借"醉倒"沉醉之故，而拒绝去看春花。不看春花，就意味着失去了花会给人的青春活力，意味着时光易逝，人走向衰老。这是最大的人生误区。"人生易老天难老"。东坡的言辞中同样也充满了人生哲理。东坡曾说"人生何以易此乐，天下谁肯从我归。"何不改为"人生何以易此乐，及时看花春常归。""莫待春回，颠倒红英间绿苔"，带有醒世之意的恒言。不要等到春离开人间吧。否则，将是"红英"纷乱地夹杂着"绿苔"而失去春的魅力。子由《闻子瞻重游终南山》诗一开头就说得好:"终南重到已春回,山木缘崖绿似苔。"

考试链接

1. 这首词表达了什么样的感情?"辘辘车声如水去"是怎样表达感情的?

2. 本词前半部分与后半部分在抒情方式上侧重点不同,请以"月照孤村三两家"和"万结愁肠无昼夜"为例作简要分析。

编注者:王 宾

【参考答案】
1. ①这首词表达了作者国破家亡以及难以归乡的苦痛之情。②运用比喻的手法抒情,把不停前行的囚车声比作不断的流水声,用渐渐远去的车声表达了作者离故乡越来越远、再也无法返回的痛苦心情。
2. 前半部分侧重于借景抒情。"月照孤村三两家"是借景抒情,描绘了一幅只有三两户人家的荒村景象,不仅揭示了金兵烧杀掳掠造成的惨象,更衬托出作者被掳离乡、身陷异地那种无比悲苦的心境。后半部分侧重于直抒胸臆,"万结愁肠无昼夜"直写作者到了日也愁、夜也愁的地步,突出了国破家亡的悲哀。

词牌初识

一剪梅

1. 词牌介绍:

一剪梅,双调小令,六十字,上、下片各六句,句句平收,叶韵则有上、下片各三平韵、四平韵、五平韵、六平韵数种,声情低抑。亦有句句叶韵者,代表作品有:李清照《一剪梅·红藕香残玉簟秋》等。

2. 格律举例:

中仄平平中仄平(韵)。中仄平平,中仄平平(韵)。中平中仄仄平平。中仄平平,中仄平平(韵)。

中仄平平中仄平(韵)。中仄平平,中仄平平(韵)。中平中仄仄平平。中仄平平,中仄平平(韵)。

(说明:平,填平声字;仄,填仄声字;中,可平可仄。)

3. 范例:《一剪梅·红藕香残玉簟秋》

红藕香残玉簟秋。轻解罗裳,独上兰舟。云中谁寄锦书来?雁字回时,月满西楼。

花自飘零水自流。一种相思,两处闲愁。此情无计可消除,才下眉头,却上心头。

［明］沈周 《山溪客话图轴》

卜算子①·送鲍浩然之②浙东

[宋] 王观

水是眼波横③，山是眉峰④聚⑤。欲⑥问行人去那边？眉眼盈盈处⑦。才始⑧送春归，又送君归去。若到江南赶上春，千万和春住。

扫一扫，听朗读

注释

①卜算子：词牌名。
②之：到、前往。
③眼波横：形容眼神流动如横流的水波。
④眉峰：形容眉弯如山峰。
⑤聚：指双眉蹙皱状如双峰相并。
⑥欲：想，想要。
⑦眉眼盈盈处：比喻山水交汇的地方。盈盈：脉脉含情。
⑧才始：方才。

古词今读

清澈碧绿的江水，犹如倩女流转的眼波；重重叠叠的青山，就像美人微颦的眉峰。真想问问那些在路上行走的人儿，你是去向哪个方向？应该是像这山水交汇，微波荡漾的地方吧！

唉！才送走了春，如今又要送你踏上归程。朋友啊！回乡时，如若还赶得上那江南迷人的春色，可别急着走呵，千万千万要住下来，过过美好的生活！

赏析要点

这是一首送别词，构思新巧，词语明丽，新鲜不俗，情思婉转清丽。词中以轻松活泼的笔调，巧妙别致的比喻，风趣俏皮的语言，表达了作者送别友人鲍浩然时的心绪。

"水是眼波横，山是眉峰聚"：首句含意丰富，引人遐想。词人把明澈的流水喻为美人的眼波，把青黛的山峦喻为美人的眉峰，极言浙东山水的俏丽可爱。二句匠心独运，推陈出新、巧妙地运用了移情手法，化无情为有情，使原本无情的山水也介入送别的场面，为友人的离去而动容。同时，这也是词人对鲍浩然心事的设想：波光漾动的流水是他心上人的眼波，脉脉传情；青黛的山峦是心上人的眉峰，因思念自己而满怀愁怨，眉头都蹙起来了，通过这一设想来写出鲍浩然归家的心切。

"欲问行人去那边？眉眼盈盈处"：三、四两句，点出行人此行的目的，他的去处，是"眉眼盈盈处"。"眉眼"一词，既是喻指友人故乡的秀丽山水，又是想象友人妻妾倚栏盼归之际秀眉凝愁的情态，妙语双关。因此"眉眼盈盈处"，既写了江南山水，也同时写了他要见到的人物。此二句写送别时的一往情深却又含而不露。

"才始送春归，又送君归去"：五、六二句抒写离情别绪。这个"春"既是反映鲜花如锦的春天季节，也喻指他与心上人生活在一起。"才"，点明这里春刚逝去，说明词人心中满怀着伤春之愁；今又"送君去"，更添怅恨十分，心情就更痛苦了。

"若到江南赶上春，千万和春住"：七、八二句再发奇想，叮嘱友人如能赶上江南春光，务必与春光同住。惜春之情既溢于言表，对友人的祝福之意亦寓于句中。词人希望鲍浩然生活在"春"里。结尾两句，是词人强压心中沉痛之情而对远去的友人所作的美好祝愿与叮咛，一反送别词中惯常的悲悲切切，写得情意绵绵而又富有灵性。

作者掠影

王观（1035～1100），北宋著名词人。字通叟，生于如皋（今江苏如皋），仁宗嘉祐二年（1057年）进士，历任大理寺丞、江都知县等，官至翰林学士。其词学柳永，情景交融，生动风趣，近于俚俗，却又谑而不虐。代表作有《卜算子》《临江仙》《高阳台》等。著《冠柳集》，不传。

延伸阅读

山水有情送行人

送别诗，历来都是令人心酸，让人断肠。杜甫在梦里送别李白，醒来就已经悲伤得说不出话来。李白黄鹤楼送别好友孟浩然，即使影子不见了仍然悲伤不忍离去。送人送得欢欢喜喜的，大概只有宋朝这位官场运气实在不太好的王观了。

王观，在王安石为开封府试官时，科举及第。后历任大理寺丞、江都知县等，在任时作《扬州赋》，宋神宗阅后大喜，大加褒赏，又撰《扬州芍药谱》一卷。官至翰林学士。相传曾奉诏作《清平乐》一首，描写宫廷生活。高太后对王安石等变法不满，认为王观属于王安石门生，就以《清平乐》亵渎了宋神宗为名，第二天便将王观罢职。王观于是自号"逐客"，从此以一介平民生活。

王观的家在离长江不远的如皋，是一马平川的长江平原，没有山水相间。而自己欲归不得，羁旅之愁难以忘怀。一天，他的好友鲍浩然要回家乡去看望自己的家人，。鲍浩然的家乡在山清水秀的江南。那里，春光明媚，山水相间，景色优美，有如仙境，更何况还有一位眉眼盈盈的爱姬在倚栏相望。好友能回到美丽的家乡，见到美丽的爱人，怎能不为他高兴呢？于是王观填了这首"卜算子"词，在分别时送给了好友鲍浩然。表达他对好友离别时的不舍和祝福，也让友人不必过于沉浸在离愁别绪里。因此，词人丢开眼如秋水，眉如春山的俗套比喻，直说水是眼波横转，山是眉峰簇聚。借此轻快的一笔，将那友人所住的江南山水，点化成了美人儿的俏眉眼，活灵活现、盈盈动人了。词人移情山水，将友人的两大愁事——送春、送友，变得轻轻巧巧，全不费力。送春也没什么愁，江南还留得一段春；送人也用不上悲，友人还兴许赶得上春。不如叮咛一声"千万和春住"吧，因为友人的幸运，也是我这个朋友的欣慰啊！

考试链接

1. 本词上、下片各写了什么？请作简要概括。
2. 宋人王灼《碧鸡漫志》评王观词是"新丽处与轻狂处皆足惊人"。这首词"新丽"的特点主要表现在哪些方面？请作简要分析。

编注者：闫　妍

【参考答案】
1. 上片写浙东山水的美好；下片抒发作者送别的情意。
2. 比喻修辞用得巧妙，用语绮丽，如"水是眼波横，山是眉峰聚。"把明澈的水流喻为美人的眼波，把青黛的山峦喻为美人的眉峰，极言浙东山水的美丽可爱。想象别致，意蕴生动。"才始送春归"，点明这里春刚逝去，说明词人心中满怀着伤春之愁；"又送君归去"则再添了别恨，心情就更痛苦了。最后两句是词人对鲍浩然的祝愿：希望他生活在"春"里。用语绮丽生动。

词牌初识

虞美人

1. 词牌介绍：

虞美人，原为唐教坊曲，初咏项羽宠姬虞美人，因以为名。又名"一江春水"等。双调，五十六字，上下片各四句，皆为两仄韵转两平韵。

2. 格律举例：

中平中仄平平仄（仄韵），中仄平平仄（叶仄）。中平中仄仄平平（换平韵），中仄中平平仄仄平平（叶平）。

中平中仄平平仄（换仄韵），中仄平平仄（叶韵）。中平中仄仄平平（再换平韵），中仄中平平仄仄平平（叶平）。

（说明：平，填平声字；仄，填仄声字；中，可平可仄。）

3. 范例：《虞美人·春花秋月何时了》

春花秋月何时了，往事知多少？小楼昨夜又东风，故国不堪回首月明中！

雕阑玉砌应犹在，只是朱颜改。问君能有几多愁？恰似一江春水向东流。

刘凌沧　郭慕熙　《琴操》

泊①　秦　淮②

[唐] 杜牧

扫一扫，听朗读

烟笼寒水月笼沙，
夜泊秦淮近酒家。
商女③不知亡国恨，
隔江犹唱后庭花④。

注释

①泊（bó）：停船靠岸。
②秦淮：即秦淮河，发源于江苏句容大茅山与溧水东庐山两山间，经南京流入长江。相传为秦始皇南巡会稽时开凿的，用来疏通淮水，故称秦淮河。历代均为繁华的游赏之地。
③商女：以卖唱为生的歌女。
④后庭花：歌曲《玉树后庭花》的简称。南朝陈皇帝陈叔宝（即陈后主）溺于声色，作此曲与后宫美女寻欢作乐，终致亡国，所以后世把此曲作为亡国之音的代表。

古诗今读

浩渺寒江之上弥漫着迷蒙的烟雾，皓月的清辉洒在白色沙渚之上。入夜，我将小舟泊在秦淮河畔，临近酒家。

金陵歌女似乎不知何为亡国之恨、黍离之悲，依然在对岸吟唱着淫靡之曲《玉树后庭花》。

赏析要点

杜牧生活在风雨飘摇的唐王朝晚期，作为一名忧国诗人，当他夜泊秦淮河边，听到"亡国之音"，心情难以平静，感慨万千，愤而写下这首名作。

"烟笼寒水月笼沙"，杜牧此诗以状景起调，烟、水色清，月、沙色白，为当时秦淮常见之夜色。然杜牧却不避重复地连用了两个"笼"字来缀连此"烟""水""月""沙"四种意象，仿佛生花妙笔。暮烟与寒水，月光与沙色，立时便呈现出了一种朦胧而忧郁的色泽。诗人身处六朝古都，面对如此景致，不由得产生了一种茫然与怅惘之情。"夜泊秦淮近酒家"，点明时间与地点，照应诗题。"近酒家"三字为下文做了铺垫，很自然地引出了"商女"的歌声，再转入诗人的感慨："商女不知亡国恨，隔江犹唱后庭花"。

是谁在唱那荒淫的《玉树后庭花》？诗中写得十分清楚，是"不知亡国恨"的"商女"，是谁在赏听？诗中没有直接说明，但不难理解，是那些喝酒买醉、买唱的达官贵人。国家命运岌岌可危，他们却沉醉于靡靡之音，寻欢作乐。这样下去，唐朝必将重蹈覆辙，历史悲剧又将重演。"不知""犹唱"的其实不是"商女"，而是那些纸醉金迷、醉生梦死的达官贵人。这两句诗表面上是对"商女"的埋怨责怪，其实是对豪门贵族灵魂的拷问，寄寓着诗人无限的悲愤和辛辣的讽刺。

全诗短短 28 个字，有诗情，有画意，却不着一语议论，但描绘了一幅统治阶级穷奢极欲的图画，使我们仿佛感受到了诗人跳动着的怅恨忧国的脉搏。

作者掠影

杜牧（803～约852），唐代杰出的诗人、散文家，字牧之，号樊川居士，京兆万年（今陕西西安）人。是宰相杜佑之孙，杜从郁之子。唐文宗大和二年，杜牧26岁中进士，授弘文馆校书郎。

因晚年居长安南樊川别墅，故后世称"杜樊川"，著有《樊川文集》。杜牧的诗歌以七言绝句著称，内容以咏史抒怀为主，其诗英发俊爽，多切经世之物，在晚唐成就颇高。杜牧人称"小杜"，以别于杜甫，与李商隐并称"小李杜"。

延伸阅读

杜牧与他的咏史怀古诗

在晚唐诗坛上，杜牧的诗歌可以说是独树一帜，为晚唐诗人之冠。

他的诗爽朗俊逸，蕴含深刻，情志高远，笔力劲拔，诗歌选材广泛，其中以怀古咏史诗数量最多，也最能体现其诗歌的主体风貌。

杜牧降生之时，距安禄山起兵之岁（755 年）已经四十八年了。在这四十八年间，藩镇割据，宦官擅权，党争严重，社会动荡，唐朝由"太平盛世"陷于内忧外患之中。面对唐王朝的现状，杜牧渴望力挽狂澜，济世济民。但他只是一位无权无势的文人，官场上的黑暗，仕途上的坎坷，使他壮志难酬，报国无门。长期的幕僚生活，加上不断谪迁，让他感慨颇多，他只能把满腔的愤慨通过饱蘸情感的诗篇发泄出来。

一些登临咏怀之作，别人写来大抵是流连山水，描摹自然，而杜牧写来，却常常融合了对自然、社会、历史的感触，总有一种伤今怀古的忧患意识。如《润州二首》之一：句吴亭东千里秋，放歌曾作昔年游。青苔寺里无马迹，绿水桥边多酒楼。大抵南朝皆旷达，可怜东晋最风流。月明更想桓伊在，一笛闻吹出塞愁。又如《题宣州开元寺水阁》：六朝文物草连空，天淡云闲今古同。鸟去鸟来山色里，人歌人哭水声中。深秋帘幕千家雨，落日楼台一笛风。惆怅无因见范蠡，参差烟树五湖东。

而另外一些咏史诗中，他的感触就更为明显了，如《登乐游原》：长空澹澹孤鸟没，万古销沉向此中。看取汉家何事业，五陵无树起秋风。还有这首《泊秦淮》。前者喟叹朝代兴亡变化，岁月倏忽变幻，后者感慨执政者的荒淫糊涂和世人的居安忘危，透过这些，我们看到他心底的悲凉。

在《过华清宫》中，作者写道：一骑红尘妃子笑，无人知是荔枝来。华清宫曾经是唐玄宗和杨贵妃的游乐场所之一。诗人去长安经过华清宫，想到唐、杨二人荒淫误国之事，不由得感慨万分，疾笔写下此诗。形象地揭露了统治者为了满足一己口腹之欲，不惜兴师动众、劳民伤财的社会现实，讽刺了唐、杨二人的骄奢淫逸，有力地抨击了封建统治阶级的荒淫无耻、昏庸无道，借古讽今，警示世人。《赤壁》中"东风不与周郎便，铜雀春深锁二乔。"感慨历史变化的难以把握等等，都表现着他透过历史对现实的关注。怀古伤今，是不甘沉沦的社会责任感，也是家世门风的传统和实现理想的抱负所合成的力量在杜牧诗歌中的表现。

考试链接

1. 杜牧是____（朝代）诗人，与_____并称"小李杜"。诗中提到的_____被称为"亡国之音"，它涉及的历史人物是_____。
2. 两个"笼"字好在哪里？
3. 谈谈你对"商女不知亡国恨，隔江犹唱后庭花"的理解。

编注者：刘小爱

【参考答案】
1. 唐朝　李商隐　后庭花　南朝陈皇帝陈叔宝
2. 写轻轻的烟雾和淡淡的月光笼罩着寒水细沙。两个"笼"字将烟、月、水、沙四种景物融为一体，贴切传神地勾画出秦淮河两岸朦胧淡雅的景象，创设出一种冷清愁寂的氛围。
3. 表面上是对歌女的埋怨，实际上则是批评了醉生梦死的晚唐统治者，表现了诗人的忧虑与愤慨。

词牌初识

少年游

1. 词牌介绍：

少年游，又名"小阑干"等。《乐章集》、《张子野词》入"林钟商"，《清真集》分入"黄钟"、"商调"。各家句读亦多出入，《词律》以柳永词为定格，而《词谱》则以晏殊之词为正体。双调五十字，前段五句三平韵，后段五句两平韵。另有双调五十字，前后段各五句、两平韵等十四个变体。代表词作有苏轼词《少年游·润州作代人寄远》等。

2. 格律举例：

中平中仄仄平平（韵），中仄仄平平（韵）。中中中中，中平中仄，平仄仄平平（韵）。

中中中平中仄，中仄仄平平（韵）。中中中中，仄平中仄，中仄仄平平（韵）。

（说明：平，填平声字；仄，填仄声字；中，可平可仄。）

3. 范例：《少年游·芙蓉花发去年枝》

芙蓉花发去年枝，双燕欲归飞。兰堂风软，金炉香暖，新曲动帘帷。

家人并上千春寿，深意满琼卮。绿鬓朱颜，道家装束，长似少年时。

［明］陈洪绶 《垂纶图》（局部）

［明］陈洪绶 《垂纶图》

贾 生①

[唐] 李商隐

宣室②求贤访逐臣，
贾生才调更无伦。
可怜夜半虚前席③，
不问苍生问鬼神。

扫一扫，听朗读

注释

①贾生：指贾谊（前200年～前168年），西汉著名的政论家、文学家，力主改革弊政，提出了许多重要政治主张，但却遭谗被贬，一生抑郁不得志。
②宣室：汉代长安城中未央宫前殿的正室。
③前席：在座席上移膝靠近对方。这里指汉文帝和贾生聊得很投机，被贾生的谈论吸引，不知不觉往贾生身边靠近。

古诗今读

汉文帝求贤，宣示召见被贬臣子。贾谊才能，确实高明无人能及。

只是空谈半夜，令人扼腕叹息。文帝尽问鬼神之事，只字不提国事民生。

赏析要点

据《史记·贾生传》记载，汉文帝召见贾谊，汉文帝坐在宣室里，因为有感于鬼神之事，就询问贾谊，贾谊对汉文帝原原本本地道来。到了半夜，汉文帝不知不觉地往贾谊身边靠近了好多。两人谈话之后，汉文帝感慨地说："我好久没见到贾谊，觉得自己超过了他，现在看来，还是远远不如他啊！"这首诗是托古讽今之作。一直以来，利用贾谊贬到长沙这件事，来抒发怀才不遇之感，已经成了熟套，李商隐却别出心裁。晚唐的皇帝，大多被佛道迷信所迷惑，他们炼丹求仙，荒废政事。此诗表面上讽刺汉文帝，实际上却是隐隐讽刺当时的皇帝，昏聩迷信，不任贤才。

贾生具有出众的治国才干，而汉文帝却汲汲询问关于鬼神的事情，这明明是把贾谊当成了算卦卖卜的人，这就是李商隐为什么痛惜贾生怀才不遇。而李商隐亦怀有"欲回天地"的雄心壮志，而一辈子只能在地方州县或者藩镇幕府中流浪，单单因为文章的雕虫小技被别人欣赏，所以对于贾生，特别地感同身受，别有会心。总之，讽刺汉文帝就是讽刺当时的皇帝，感慨贾生就是感慨自己。

讽刺君主的昏聩无能，哀伤贤士的怀才不遇，诗文中屡见不鲜，而李商隐此诗二者兼备，立意高卓，构思新颖，为其他人所不及。而且，此诗纯是议论，却因为感慨深沉，而不乏神韵，极富一唱三叹之致。

作者掠影

李商隐（约813～约858），字义山，号玉溪（谿）生、樊南生，唐代著名诗人，祖籍河内（今河南省焦作市）沁阳，出生于郑州荥阳。他擅长诗歌写作，骈文文学价值也很高，是晚唐最出色的诗人之一，和杜牧合称"小李杜"，与温庭筠合称为"温李"，因诗文与同时期的段成式、温庭筠风格相近，且三人都在家族里排行第十六，故并称为"三十六体"。其诗构思新奇，风格秾丽，尤其是一些爱情诗和无题诗写得缠绵悱恻，优美动人，广为传诵。但部分诗歌过于隐晦迷离，难于索解，至有"诗家总爱西昆好，独恨无人作郑笺"之说。因处于牛李党争的夹缝之中，一生很不得志。死后葬于家乡沁阳（今河南焦作市沁阳与博爱县交界之处）。作品收录为《李义山诗集》。

延伸阅读

牛李党争与李商隐的政治生涯

一、牛李党争

唐朝末年的"牛李党争"，是除了宦官专权、藩镇割据之外的晚唐政治的第三大特色。牛党以牛增儒、李宗闵为首,包括元稹、令狐楚、杨嗣复等人;李党以李德裕为首,包括王茂元等人。从唐宪宗开始到唐宣宗时,牛增儒、李德裕先后亡故为止,历经5朝,长达40多年,两党在朝廷上互相倾轧,势同水火。唐文宗甚至曾经发过"去河北贼易,去朝廷朋党难"的感慨。

牛李党争的开始,是由进士考试引起的。唐宪宗时,有一年科举,举人牛僧孺、李宗闵在考卷里批评了朝政,考官便把他们推荐给唐宪宗。这件事传到宰相李吉甫(李德裕的父亲)的耳里。李吉甫见牛僧孺、李宗闵揭露了他的短处,于是在唐宪宗面前说,这牛僧孺、李宗闵两人与考官有私人关系,于是,牛、李两人受到罢黜。谁知这件事却引起了朝野哗然,纷纷为两人鸣冤叫屈,谴责李吉甫嫉贤妒能。迫于压力,唐宪宗只好将李吉甫罢相。牛李党争由此拉开了序幕。

唐穆宗时,有一年科举,中书舍人李宗闵之婿苏巢等登第,翰林学士李德裕揭发考试不公,穆宗派人复试,结果原榜十四人中,仅三人勉强及第,于是,李宗闵等被贬官,李宗闵等大为怀恨。牛李党争进入白热化阶段。

文宗去世,牛党和他们所支持的继承人未能继位,从此失势。武宗即位后,李德裕为宰相,开始了李党独掌朝政的时期。牛党领袖牛僧孺、李宗闵贬职流放。武宗去世,宣宗即位,又轮到李党纷纷被斥,牛党的令狐绹等相继入相,牛僧孺、李宗闵也被召还朝。李德裕被贬为崖州(今海南岛)司户,死于贬所。牛李两党之争终于以牛党获胜结束。

二、悲催的李商隐

李商隐是得到令狐楚(牛党)的赏识,才得以进入仕途。在令狐楚、令狐绹父子的支持下,李商隐考取了进士。可就在他考中进士的同一年,令狐楚便病故了。后来,与李德裕交好的王茂元(李党)聘请李商隐为幕僚,十分欣赏他的才学,并将女儿嫁给他,从此以后,他得到了"无行"的恶名,并深陷牛李党争的漩涡之中,不能自拔。

武宗去世,宣宗即位,牛党得势,曾经的挚友令狐绹身居高位,但视李商隐为背信弃义的叛徒。李商隐写信给令狐绹诉衷情,却遭到冷视,从此开始了长达十年郁郁寡欢的幕僚生涯。后来,罢职,回到故乡闲居。不久,李商隐在家乡病故,年仅四十七岁。

李商隐到底算李党人士,还是牛党人士?答案是:都不算。他只是一个小官,从始至终就游离在权力斗争之外，想要参与权力中心的牛李党争，也根本杳无机会。只能说，他悒悒不得志的政治生涯，是牛李党争下的一个牺牲品，是有才识、有抱负、正直不阿的寒门学子的政治生涯的缩影。

考试链接

1. 这是一首咏史诗，请问，李商隐咏叹的是什么事情呢？此诗运用了什么表现手法？

2. 北宋初"西昆"派领袖杨亿举出此诗"可怜夜半虚前席，不问苍生问鬼神"二句，称赞道："其措意如此，后人何以企及？"请问你怎么理解杨亿对这首诗的称赞？

编注者：崔　新

【参考答案】
1. 李商隐咏叹的是，汉文帝和才干出众的贾谊深夜促膝而谈，对于国计民生毫不在意，问的却是鬼神之事。用的是借古讽今的表现手法。
2. 刺君主之昏愦弃贤，伤志士之怀才不遇，诗文中屡见不鲜，而李商隐此诗，其立意之高卓，构思之新颖，乃为前此诗文中所未见。而且，此诗出之以议论而不乏神韵，极富一唱三叹之致。

词牌初识

行香子

1. 词牌介绍：

行香子，又名"读书引"等。以晁补之《行香子·同前》为正体，双调六十六字，前段八句四平韵，后段八句三平韵。另有双调六十八字，前后段各八句、四平韵；双调六十四字，前后段各八句、五平韵等变体。代表作品有苏轼《行香子·述怀》等。

2. 格律举例：

中仄平平（韵），中仄平平（韵）。中平中、中仄平平（韵）。中平中仄，中仄平平（韵）。仄中平中，中平仄，中平平（韵）。

中平中仄，中仄平平（韵）。中平中、中仄平平（韵）。中平中仄，中仄平平（韵）。仄中平中，中平仄，仄平平（韵）。

（说明：平，填平声字；仄，填仄声字；中，可平可仄。）

3. 范例：《行香子·树绕村庄》

树绕村庄，水满陂塘。倚东风、豪兴徜徉。小园几许，收尽春光。有桃花红，李花白，菜花黄。

远远围墙，隐隐茅堂。飏青旗、流水桥旁。偶然乘兴，步过东冈。正莺儿啼，燕儿舞，蝶儿忙。

[清] 任预 《拟文伯仁山水图》

[清] 任预 《拟文伯仁山水图》（局部）

观 沧 海

[汉] 曹操

东临碣石①,以观沧海。

水何澹澹②,山岛竦峙③。

树木丛生,百草丰茂。

秋风萧瑟④,洪波⑤涌起。

日月之行,若出其中;

星汉⑥灿烂,若出其里。

幸甚至哉,歌以咏志。

注释

①碣(jié)石:山名。碣石山,河北昌黎碣石山。207年秋天,曹操征乌桓得胜回师时经过此地。
②澹澹(dàn dàn):水波摇动的样子。
③竦峙(sǒng zhì):耸立。竦,通耸,高。
④萧瑟:树木被秋风吹的声音。
⑤洪波:汹涌澎湃的波浪。
⑥星汉:银河,天河。

古诗今读

往东行登上了碣石山,观赏那苍苍茫茫的大海。海水多么宽阔浩荡,山岛高高地挺立在海边。

树木郁郁葱葱,百草十分繁茂,一派生机盎然。

秋风吹动树木发出悲凉的声音,海中涌动着巨大的海浪。

太阳和月亮的运行,好像是从这浩瀚的海洋中发出的。

银河星光灿烂,好像是从这浩瀚的海洋中产生出来的。

我很高兴,就用这首诗歌来表达自己内心的志向。

赏析要点

这首诗准确生动地描绘出海洋的形象,单纯而又饱满,丰富而不琐细,好像一幅粗线条的炭笔画一样。尤其可贵的是,这首诗不仅仅反映了海洋的形象,同时也赋予它以性格。句句写景,又是句句抒情。既表现了大海,也表现了诗人自己。诗人不满足于对海洋做形似的模拟,而是通过形象,力求表现海洋那种博大精深、动荡不安的性格。海,本来是没有生命的,然而在诗人笔下却具有了性格。这样才更真实、更深刻地反映了大海的面貌。

《观沧海》是借景抒情,把眼前的海上景色和自己的雄心壮志巧妙地融合在一起。全诗的基调苍凉慷慨,这正是建安风骨的体现。

从诗的体裁看,这是一首古体诗;从表达方式看,这是一首四言写景诗。"东临碣石,以观沧海"这两句话点明"观沧海"的位置:诗人登上碣石山顶,居高临海,视野寥廓,大海的壮阔景象尽收眼底。以下十句描写,盖由此拓展而来。"观"字起到统领全篇的作用,体现了这首诗意境开阔、气势雄浑的特点。

前四行诗句描写沧海景象,有动有静,如"秋风萧瑟,洪波涌起"与"水何澹澹",写的是动景;"树木丛生,百草丰茂"与"山岛竦峙"写的是静景。

"水何澹澹,山岛竦峙"是望海初得的大致印象,有点像绘画的轮廓。在这水波"澹澹"的海上,最先映入眼帘的是那突兀耸立的山岛,它们点缀在平阔的海面上,使大海显得神奇壮观。这两句写出了大海远景的一般轮廓,下面再层层深入描写。

"树木丛生,百草丰茂。秋风萧瑟,洪波涌起。"前二句具体写耸峙的山岛:虽然已到秋风萧瑟,草木摇落的季节,但岛上树木繁茂,百草丰美,给人诗意盎然之感。后二句则是对"水何澹澹"的进一层描写:定神细看,在秋风萧瑟中的海面竟是洪波巨澜，汹涌起伏。作者面对萧瑟秋风，顿生"老骥伏枥，志在千里"的"壮志"胸怀。

"日月之行，若出其中；星汉灿烂，若出其里。"作者运用想象，写出了曹操的壮志情怀。前面的描写，将大海的气势和威力凸显在读者面前；在丰富的联想中表现出作者博大的胸怀、开阔的胸襟、宏大的抱负。暗含一种要像大海容纳万物一样把天下纳入自己掌中的胸襟。

作者掠影

曹操（155~220），东汉末年杰出的政治家、军事家、文学家、诗人。字孟德，一名吉利，小字阿瞒，沛国谯（今安徽亳州）人。曹魏政权的缔造者，以汉天子的名义征讨四方，对内消灭二袁、吕布、刘表、韩遂等割据势力，对外降服南匈奴、乌桓、鲜卑等，统一了中国北方，并实行一系列政策恢复经济生产和社会秩序，奠定了曹魏立国的基础。曹操在世时，担任东汉丞相，后为魏王，去世后谥号为武王。其子曹丕称帝后，追尊其为魏武帝。曹操精兵法，善诗歌来抒发自己的政治抱负，并反映汉末人民的苦难生活，气魄雄伟，慷慨悲凉；散文亦清峻整洁，开启并繁荣了建安文学，给后人留下了宝贵的精神财富，史称建安风骨，鲁迅评价其为"改造文章的祖师"。同时曹操也擅长书法，尤工章草，唐朝张怀瓘在《书断》中评其为"妙品"。

延伸阅读

浪淘沙·北戴河

1954年，毛泽东在北戴河，一日时逢海滨风雨大作，浪涛翻涌，他顿起击水之兴，不顾身边警卫人员的劝阻，下海游泳，于风浪搏斗。上岸后意犹未尽，又纵笔挥毫，写下了这不朽名篇《浪淘沙·北戴河》，展示了无产阶级革命家前无古人的雄伟气魄和汪洋浩瀚的博大胸怀，具有比《观沧海》更鲜明的时代感、更深邃的历史感、更辽阔的宇宙感和更丰富的美学容量。

大雨落幽燕，白浪滔天，秦皇岛外打鱼船。一片汪洋都不见，知向谁边？往事越千年，魏武挥鞭，东临碣石有遗篇。萧瑟秋风今又是，换了人间。

"诗的形象以使人惊心动魄为目的"（朗吉努斯

《论崇高》）。这首词一开始就给人们展现出雄浑壮阔的自然景观。"大雨落幽燕"一句排空而来，给人以雨声如鼓如箭的感觉；继之以"白浪滔天"，更增气势，写出浪声如雷如山的汹涌澎湃，"大雨""白浪"，一飞落，一腾起，相触相激，更兼风声如吼，翻云扫雨，推波助澜，真是声形并茂气象磅礴，这情景较之曹诗中"水何澹澹，山岛竦峙"，"秋风萧瑟，洪波涌起"的晴日所见更令人惊心动魄。

上片前两句，一为仰观，一为前瞻，随着视角的变化，空间画面也由陆而海，从上而下。后三句则显示视线由近而远的渐次推移，极富层次感。"秦皇岛外打鱼船"回应开头一句的"幽燕"，点明地点，又与题目相吻合。"打鱼船""一片汪洋都不见，知向谁边"的意境或也取决于古人对大海惊涛骇浪的描写，但《浪淘沙》是小令，不直铺叙，用精炼的设问句式写出来，化实为虚，以简驭繁，真乃神来之笔！与其说是写人写船，不如说是以小衬大，将较小的意象置于广阔巨大的空间之中，进一步烘托渲染"白浪滔天"的威猛旷悍，突出风雨中的海天莫辩、浩茫混沌、旷荡无崖的景象，从而扩大作品的空间容量，显示出一种寥廓深邃的宇宙感。

考试链接

1. 请你展开合理的想象，用生动形象的语言把"秋风萧瑟，洪波涌起"所表现的画面描述出来。

2. 赏析"日月之行，若出其中；星汉灿烂，若出其里"。

3. 下面对这首诗的赏析，不恰当的一项是（　　）

A. 这首诗通过写作者在远征途中登上碣石山俯瞰大海所看见的壮观景象，展现了诗人宽广的胸襟。

B. 诗歌前四联写诗人登上碣石山看见山岛耸立、树木茂盛、大海波澜壮阔的景象。

C. 第五、六联通过丰富的想象，写出沧海之大、吞吐日月、含盈群星的气派。

D. 最后一句，如一曲雄壮的乐曲，在最激越处戛然而止，悲从中来，发出感慨。

编注者：张小宁

【参考答案】
1. （树木凋零）秋风阵阵，呼呼作响，诗人站在辽阔的海边，面对波涛汹涌的大海，心潮与大海一起涌动，感慨万千。
2. 诗人通过丰富的想像，运用夸张的手法，描绘了大海吞吐日月，包容星汉的壮阔景象，表现了诗人开阔的胸怀和宏大的抱负。
3. D 最后一句诗人通过描写沧海雄伟壮丽的自然景象，展示了诗人宽阔的胸襟和宏大的抱负，抒发了他渴望统一中国建功立业的思想感情。

词牌初识

沁园春

1. 词牌介绍：

又名"寿星明"。格局开张，适合抒发壮阔豪迈的情感，苏辛一派最喜欢使用这个词牌名。共一百十十四字，前片四平韵，后片五平韵，也有在过片的地方增加一个暗韵的手法。

2. 格律举例：

中仄平平，仄仄平平，仄仄仄平（韵）。仄中平中仄，中平中仄，中平中仄，中仄平平（韵）。中仄平平，中平中仄，中仄平平中仄平（韵）。平平仄，仄中平中仄，中仄平平（韵）。

平平（增韵）中仄平平（韵），仄中仄平平中仄平（韵）。仄中平中仄，中平中仄，中平中仄，中仄平平（韵）。中仄平平，中平中仄，中仄平平中仄平（韵）。平平仄，仄中平中仄，中仄平平（韵）。

（说明：平，填平声字；仄，填仄声字；中，可平可仄。）

3. 范例：《沁园春·孤鹤归飞》

孤鹤归飞，再过辽天，换尽旧人。念累累枯冢，茫茫梦境，王侯蝼蚁，毕竟成尘。载酒园林，寻花巷陌，当日何曾轻负春。流年改，叹围腰带剩，点鬓霜新。

交亲零落如云。又岂料如今馀此身。幸眼明身健，茶甘饭软，非惟我老，更有人贫。躲尽危机，消残壮志，短艇湖中闲采莼。吾何恨，有渔翁共醉，溪友为邻。

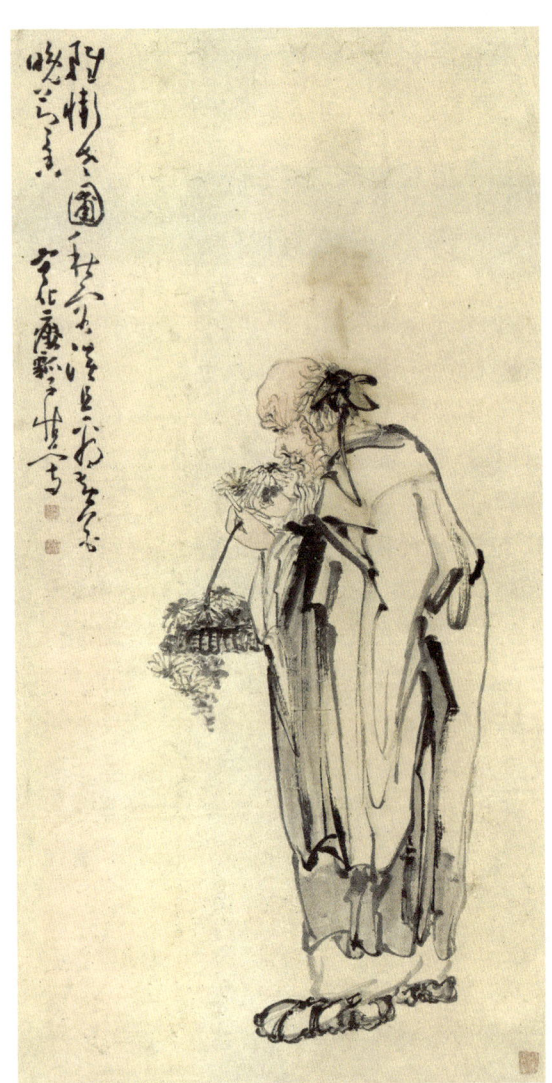

[清] 黄慎 《采菊老人立幅》

行军九日思长安故园

[唐] 岑参

强①欲登高②去,
无人送酒③来。
遥怜④故园菊,
应傍⑤战场开。

扫一扫,听朗读

注释

①强:勉强。
②登高:古时风俗,农历九月九日登山叫登高。重阳节有登高赏菊饮酒以避灾祸的风俗。
③无人送酒:据《南史·隐逸传》记载,陶渊明有一次过重阳节,没有酒喝,就在宅边的菊花丛中独自闷坐,这时正好王弘送酒来了,于是醉饮而归。
④怜:可怜。
⑤傍:靠近、接近。

古诗今读

九月九日重阳佳节,我勉强去登高,然而在这战乱的行军途中,没有谁能送酒来。可怜远方故乡那些可爱的菊花,现在大概在这战场旁边零星地开放了。

赏析要点

唐玄宗天宝十四载(755年),安禄山起兵叛乱,次年长安被攻陷。唐肃宗至德二载(757年)二月,肃宗由彭原行军至凤翔,岑参随行。这首诗原有小注说:"时未收长安。"九月唐军收复长安,此诗可能是当年重阳节在凤翔写的。岑参是南阳人,但久居长安，故称长安为"故园"。

首句"强欲登高去"中"登高"二字紧扣题目中的"九日"。"登高去"，暗含逢场作戏的味道，而前面再加上"强欲"二字，其含意便深刻得多了，表现出作者无可奈何的情绪。重阳节大家都喜欢登高，诗人却说勉强想去登高，透着些凄凉之意，这是为什么呢？结合题目"思长安故园"，我们可读出诗人在诗中流露出的浓郁思乡情绪。

第二句"无人送酒来"承前句而来，化用陶渊明的典故。"登高"，诗人自然会联想到饮酒、赏菊。据《南史·隐逸传》记载：陶渊明有一次过重阳节，没有酒喝，就在宅边的菊花丛中独自闷坐了很久。后来正好王弘送酒来了，才醉饮而归。其实这里反用其意，是说自己虽然也想勉强地按照习俗去登高饮酒，可是在战乱中，没有像王弘那样的人来送酒助兴，共度佳节。该句与上文衔接自然，引起读者的联想和猜测：不知造成"无人送酒来"的原因是什么？"无人送酒来"这句诗句暗寓着题中"行军"的特定环境，它写出了旅况的凄凉萧瑟，无酒可饮，更无菊可赏这一现状。

第三句"遥怜故园菊"写诗人在佳节之际想到了长安家园。开头一个"遥"字，可以看出自己和故园长安相隔之遥远，烘托了诗人深切的思乡之情。接着诗人将对亲朋好友思念的感情，浓缩到了"故园菊"上。一个"怜"字，不仅写出诗人对故乡之菊的眷恋，更写出诗人对故园之菊开在战场上的长长叹息，百般怜惜。作者写思乡，没有泛泛地笼统地写，而是特别强调思念、怜惜长安故园的菊花。这样写，不仅以个别代表一般，以"故园菊"代表整个故园长安，显得形象鲜明，具体可感；而且这是由登高饮酒的叙写自然发展而来的，是由上述陶渊明因无酒而闷坐菊花丛中的典故引出的联想，具有重阳节的节日特色，既照应题目中的"九日"，又点出"长安故园"，可以说是切时切地，紧扣诗题，也使整首诗渲染上了浓郁的节日气氛。

最后一句"应傍战场开"承接前句，是一种想象之辞。此处的想象之辞已经突破了单纯的惜花和思乡，而寄托着诗人对饱经战争忧患的人民的同情，对早日平定安史之乱的渴望。诗人别的不写，只是设想它"应傍战场开"，这样的想象扣住诗题中的"行军"二字，结合安史之乱和长安被陷这一时代特点，写得新巧自然，使读者仿佛看到了一幅鲜明的战乱图：长安城中战火纷飞，血染天街，断墙残壁间，一丛丛菊花依然寂寞地开放着。这一结句用的是叙述语言，朴实无华，但是余意深长，耐人咀嚼，使全诗的思想和艺术境界出现了一个飞跃。

全诗抓住"故园菊"这一核心意象，由欲登高而引出无人送酒的联想，又由无人送酒遥想故园之菊，复由故园之菊而慨叹故园为战场，随后集中笔力描写战地菊花开得旺，思路跌宕起伏，结构起承转合。诗歌表现的不是一般的节日思乡，而是对国事的忧虑和对战乱中人民疾苦的关切，情感悲怆深沉，是一首言简意深、耐人寻味的抒情佳作。

作者掠影

岑参（715～770），唐代著名诗人，唐江陵人。太宗时功臣岑文本孙。工诗，长于七言歌行。现存三百六十首。对边塞风光、军旅生活以及少数民族的文化风俗有亲切的感受，故其边塞诗尤多佳作。风格与高适相近，后人多并称"岑高"。

《白雪歌送武判官归京》是其代表作，写于天宝十三载。这次是岑参第二次出塞，充任安西北庭节度使封常清的判官（节度使的僚属），而武判官即其前任，诗人在轮台送他归京（唐代都城长安）而写下了此诗。

延伸阅读

采桑子·重阳

毛泽东

人生易老天难老，岁岁重阳。今又重阳，战地黄花分外香。

一年一度秋风劲，不似春光。胜似春光，寥廓江天万里霜。

上阕开篇即语"人生易老天难老"，气势不凡，富有哲理。"人生易老"概括时光飞逝、青春短暂、岁月无情之意。那么，就应该珍惜当下，努力进取，去奋斗去拼搏，莫留遗憾。这是站在漫漫宇宙的角度上来看人生，人生是何其短暂，从新生到衰老只是一瞬间，所以说"人生易老"。与之相对应的是"天难老"。这是站在人的角度去看宇宙，宇宙似乎是永生的，是无穷无尽的。宇宙已经存在很久了，而且还将存在很久很久。相对于人短暂的一生而言，自然是"天难老"了。看似简单的7个字，却蕴含有朴素的唯物主义观，是对人类和宇宙的清醒认识，揭示了人生的真谛。顺承而下的"岁岁重阳"，突出了年年都有重阳，周而复始。

"今又重阳"，如今一年一度的重阳节又到了，看似重复着去年的重阳，却又有不同，蕴含有"年年岁岁花相似，岁岁年年人不同"的哲理在内。那今年的重阳节又有何不同呢？"战地黄花分外香"，黄花指的是菊花，古人有登高望远、赏花吟秋的习俗。故重阳与菊花有密不可分的关系。如岑参的

"遥怜故园菊,应傍战场开",但其借菊花表达的是厌战、反战情绪。而伟人笔下的"黄花"却反其道而行之,表达的是喜爱,是喜悦。为什么这么说呢?因为当时伟人正处在战场,那漫山遍野开着的黄花,已经过炮火的洗礼,熠熠生辉。伟人带着无比喜悦的心情来欣赏重阳遍地开着的菊花。这黄花恰恰让战地的重阳勃发生机。这一句,融情入景、情景交融,即表现了战地生机盎然,也歌颂了革命战争,表达出伟人作为诗人也是战士的豪迈情怀。给人以激励和力量。

到了下阕,以一个"劲"字突出秋风的猛烈,但这里的秋风似乎更是象征一股新的力量,有摧枯拉朽、除旧革新的凌厉攻势,笔力遒劲、力道浑厚。这样的秋景不是春景,但胜似春景。为什么这么说呢?因为这样的秋有春的绚烂、有春的生机,但在劲风之下,引发人们的不是肃杀、不是萧瑟、不是萎靡,而是振奋、是勃发、是斗志。"寥廓江天万里霜",进一步描写秋天的美景,天高云阔,江青水碧,彩霞满天,云锦遍野,一派瑰丽的风景,这不是"胜似春光"吗?

也只有伟大如毛主席才有如此狂放豪迈的情怀,才能驾驭这样的文字,别出心裁地把重阳写得如此霸气,如此豪气冲云天,从而让整首词都洋溢着革命浪漫主义精神。

考试链接

1. 这首诗写到了哪个传统节日?从诗中哪些地方可以看出?
2. "遥怜"二字别有韵味,请从艺术表现手法以及表达思想情感这两方面加以简析。

编注者:梅沙礼

【参考答案】

1. 重阳节;"九日""登高""饮酒""菊"等。
2. 两句诗表达了诗人的思乡之情,寄托了诗人对国事的忧虑和对早日平定安史之乱的渴望。诗人一是直接抒情,"遥怜"一词将诗人对故园的思念和担忧直接表现出来;二是以想象的手法描绘了长安故园纷飞的战火,断垣残壁间丛丛寂寞开放的菊花,以写故园菊来写故园长安,让读者仿佛看到一幅鲜明的战乱图,从而形象地表达诗人对故园的思念和对国事的忧虑。

黄起凤 仿石溪《白云出谷图》

关 山 月①

[南北朝] 徐陵

关山②三五月③，客子④忆秦川⑤。

思妇⑥高楼上，当窗应未眠。

星旗⑦映疏勒⑧，云阵⑨上祁连⑩。

战气今如此，从军复几年。

注释

①关山月：乐府《横吹曲》题。
②关山：边境要塞之地，指征战人的所在地。
③三五月：阴历十五的月亮。
④客子：在外地出游或出征的人。
⑤秦川：指关中地区，泛指今陕西、甘肃、秦岭以北的平原地带。
⑥妇：指客子的妻子。
⑦星旗：就是旗星，古代人认为它代表战争。旗，星名。
⑧疏勒：汉代西域的诸国之一，王都疏勒城在今新疆维吾尔自治区疏勒县。
⑨云阵：就是阵云，像兵阵一样密布的浓云。
⑩祁连：山名，指新疆维吾尔自治区境内的天山。

古诗今读

十五的月亮映照在关山，征人思乡怀念秦川。

（想必）妻子此时正站在高楼上，对着窗户遥望远在边关的我而没有睡觉。

战争的旗帜飘扬在疏勒城头，密布的浓云笼罩在天山之上。

战争局势如此紧张，从军征战何时能够还乡。

赏析要点

这是一首较有感染力的抒情诗,引用汉代故事描述了因战事而离别的夫妇间相思之衷情与哀愁。诗人又巧用十五圆月作引子,抒发了内心的深情。此诗虽只有简洁八句四十个字,但写得情景交融,历历在目,呈现出一幅征夫思妇的互念互思的情感相思图。

"关山三五月,客子忆秦川。"开头一二句既切题目《关山月》,又点明"忆秦川"这个主题。三四句则从对方落墨,用高楼上思妇的当窗未眠反衬客子思乡之切。五六句渲染关山的战争气氛,写回乡不得的严峻现实。结尾"战气今如此,从军复几年?"把现实之景和思乡之情的尖锐对立结合在一起,徒增无限怅惘,诗就在这乡情的绵绵不尽中结束了,情思无限,情韵悠长。

诗人基于深厚的文字功底,功妙的艺术构思,简洁的语言,成功地创作出这一首古题新作。其中有三个值得赏析和品味的地方。一是有感而作,国事家事萦怀于心,将边关战争和征夫思妇融于一体而描述在诗中;二是诗作构思设计富有艺术性;三是语言应用简洁圆润,善用词语增强意蕴。用"高楼"更见望眼欲穿,"云阵"和"战气"更见战事形势紧张,气氛逼人,"映"更见城楼军旗飘扬,杀气迷弥。"复"更突出归期遥遥。这也显露诗人纯熟的诗歌语言和扎实的文字功底。

作者掠影

徐陵(507~583)南朝梁陈间的诗人,文学家。字孝穆,东海郯(今山东郯城)人,徐摛之子。早年即以诗文闻名。八岁能文,十二岁通《庄子》《老子》。长大后,博涉史籍,有口才。梁武帝萧衍时期,任东宫学士,常出入禁闼,为当时宫体诗人,与庾信齐名,并称"徐庾",与北朝郭茂倩并称"乐府双璧。"

延伸阅读

以"关山月"为题的辞曲

古往今来,多少以"关山月"为题的辞曲吟唱着思乡的悲伤。漫步月下,幽思绵绵。戍客怀乡,不由低吟。秋风拂面,林叶簌簌。琴声犹起,更添愁容。一曲《关山月》，苦煞天涯人。

"关山夜月明，愁色照孤城。半形同汉阵，全影逐胡兵。天寒光转白，风多晕欲生。寄言亭上吏，游客解鸡鸣。"（《关山月》王褒）

"明月出天山，苍茫云海间。长风几万里，吹度玉门关。汉下白登道，胡窥青海湾。由来征战地，不见有人还。戍客望边色，思归多苦颜。高楼当此夜，叹息未应闲。"（《关山月》李白）

"和戎诏下十五年，将军不战空临边。朱门沉沉按歌舞，厩马肥死弓断弦。戍楼刁斗催落月，三十从军今白发。笛里谁知壮士心，沙头空照征人骨。中原干戈古亦闻，岂有逆胡传子孙。遗民忍死望恢复，几处今宵垂泪痕。"（《关山月》陆游）

考试链接

1. 诗歌表现了"客子"怎样的思想感情？请简要概括。
2. 诗歌前两联主要运用了什么表现手法？请简要说明。

编注者：姜洪成

【参考答案】
1. ①思念家乡亲人。②厌倦战争，渴望回家团聚。
2. ①虚实结合。关山客子是实写，思妇未眠是虚写。②想象。客子身处边塞想象妻子深夜不眠的景象。③衬托。用家中思妇衬托军中客子。

[清] 陈卓 《听松听水图轴》

登飞来峰[1]

[宋] 王安石

飞来山上千寻塔[2],
闻说鸡鸣见日升。
不畏浮云[3]遮望眼[4],
自缘[5]身在最高层。

注释

[1] 飞来峰：一说在浙江绍兴城外的林山。唐宋时其中有座应天塔，传说此峰是从琅琊郡东武县飞来的，故名飞来峰。一说在今浙江杭州西湖灵隐寺前。

[2] 千寻塔：很高很高的塔。寻，古时长度单位，八尺为寻。千寻，形容极高或极长。

[3] 浮云：在山间浮动的云雾。

[4] 望眼：视线。

[5] 自缘：只是因为。

古诗今读

飞来峰顶有塔高耸入云，鸡鸣时分可见旭日东升。

不惧浮云层层遮我视野，只因已然身处最高一层。

赏析要点

时值宋仁宗皇祐年间，身为鄞县知县的王安石登临越州飞来山，极目远望，有感而发，写下此诗。

"飞来山上千寻塔"：起句写飞来峰的地势，又用"千寻"这一夸张的词语,写峰上之塔,足见其高。此句极写登临之高险。

"闻说鸡鸣见日升":承句写目极之辽远。虚写高塔上看到的旭日东升的辉煌景象,表现了诗人朝气蓬勃、胸怀改革大志、对前途充满信心,成为全诗感情色彩的基调。此句用典,《玄中记》云:"桃都山有大树,曰桃都,枝相去三千里。上有天鸡,日初出照此木,天鸡即鸣,天下鸡皆随之。"如此看来,本句不仅言其目极万里,亦且言其声闻遐迩,颇具气势。典故中"日初出照此木,天鸡即鸣",本是"先日出,后天鸡鸣",但王安石不说"闻说日升听鸡鸣",而说"闻说鸡鸣见日升",则是"先鸡鸣,后日升",恐意有另指。

"不畏浮云遮望眼":"不畏"二字气势夺人,表现了诗人在政治上高瞻远瞩、不畏奸邪的勇气和决心。"浮云遮望眼",用典。据吴小如教授考证,西汉人常把浮云比喻奸邪小人,如《新语·慎微篇》:"故邪臣之蔽贤,犹浮云之障日也。"此句即用此意。他还有一首《读史有感》的七律,颔联云:"当时黯暗犹承误,末俗纷纭更乱真。"欲成就大事业,最可怕者莫甚于"浮云遮目""末俗乱真",而王安石以后推行新法,恰败于此。诗人良苦用心,于此诗已见端倪。

"自缘身在最高层":"最高层"拔高诗境,有高瞻远瞩的气概。作者点睛之笔,正是结语。若就情境说,语序应是"因为身在最高层,所以不畏浮云遮目",但作者却倒过来,先说果,后说因;一因一果的倒置,虽是作诗的常法,亦见出作者构思的精深。

作者掠影

王安石(1021~1086),北宋著名政治家、思想家、文学家、改革家,唐宋八大家之一。字介甫,号半山,谥文,封荆国公。世人又称王荆公。北宋抚州临川人(今江西省抚州市临川区邓家巷人),欧阳修称赞王安石:"翰林风月三千首,吏部文章二百年。老去自怜心尚在,后来谁与子争先。"其诗文各体兼擅,他的散文以雄健刚劲著称,使他成为"唐宋八大家"之一;词虽不多,但遒劲清新,豪气纵横。而王荆公最得世人传诵之诗句莫过于《泊船瓜洲》中的"春风又绿江南岸,明月何时照我还。"可惜的是他的著作大部分佚失，今存只有《王临川集》《临川集拾遗》《三经新义》残卷及《老子注》若干篇（条）。

延伸阅读

《登飞来峰》与《登鹳雀楼》《题西林壁》对比

《登飞来峰》与一般的登高诗不同。这首诗没有过多地写眼前之景，只写了塔高，重点是写自己登临高处的感受，寄寓"站得高才能望得远"的哲理。这与王之涣诗"欲穷千里目，更上一层楼"相似。前者表现一个政治变革家拨云见日、高瞻远瞩的思想境界和豪迈气概，后者表现要想取得更好的成绩，需要更加的努力的互勉或自励之意。

"不畏浮云遮望眼，只缘身在最高层。"与苏轼"不识庐山真面目，只缘身在此山中"一脉相承，表现技法极为相似，王诗就肯定方面而言，比喻"掌握了正确的观点的方法，认识达到了一定的高度，就能透过现象看到本质，就不会被事物的假象迷惑。"而苏轼是就否定方面而言的，比喻"人们之所以被事物的假象所迷惑，是因为没有全面、客观、正确地观察事物，认识事物。"两者都极具哲理性，常被用作座右铭。

考试链接

1. 对王安石的《登飞来峰》赏析不正确的一项是（　　）

A．"不畏"显示出作者的自信，表达了作者不怕一切邪恶势力阻挠的豪情壮志。

B．"浮云"指眼前的困难、障碍，比喻阻挠变法的小人或一切阻碍历史前进的势力。

C．诗人登高远望，似觉天地万物皆可尽收眼底，"不畏浮云遮望眼，自缘身在最高层"，与杜甫的"会当凌绝顶，一览众山小"有异曲同工之妙。

D．这首诗借景说理，语意双关，既抒发了作者革新政治的雄心壮志，又表现出作者归隐山野的矛盾心理。

2. 这首诗中，"浮云"一词的寓意是什么？

3. 诗人善于把抽象事理寓于具体形象中。这首诗揭示了怎样的人生哲理？

编注者：张　茜

【参考答案】
1. D
2. 眼前的困难、障碍、挫折等。
3. ①本诗表达了诗人对保守势力的蔑视，以及要进入最高统治层，为实现自己的理想而勇往直前，无所畏惧的进取精神。②只有站得高，看得远，才能不怕阻挠，不被眼前的困难吓倒。（意思对即可）

词牌初识

思帝乡

1. 词牌介绍：

思帝乡，又名"万斯年曲""两心知"等，由唐代词人温庭筠创调。《词谱》以《思帝乡·花花》为正体，单调三十六字，七句五平韵。另有单调三十四字，七句五平韵等两种变体。代表作品有韦庄《思帝乡·春日游》等。

2. 格律举例：

（1）正体

平平（韵），仄平平仄平（韵）。中仄仄平平仄，仄平平（韵）。中仄中平中仄，中平中仄平（韵）。中仄仄平平仄、仄平平（韵）。

（2）变体

平仄平（韵），仄平平仄平（韵）。仄仄平平仄，仄平平（韵）。仄仄平平仄仄，仄平平（韵）。仄仄平平仄、仄平平（韵）。

（说明：平，填平声字；仄，填仄声字；中，可平可仄。）

3. 范例：

（1）正体：《思帝乡·花花》

花花，满枝红似霞。罗袖画屏肠断，卓金车。回面共人闲语，战篦金凤斜。惟有阮郎春尽、不还家。

（2）变体：《思帝乡·春日游》

春日游，杏花吹满头。陌上谁家年少，足风流。妾拟将身嫁与，一生休。纵被无情弃、不能羞。

[明] 王铎 《山阴读书图册》

过松源晨炊漆公店①（其五）

[宋] 杨万里

莫言②下岭便无难，
赚得③行人空喜欢④。
正入万山圈子里，
一山放出一山拦⑤。

扫一扫，听朗读

注释

①松源、漆公店：均为地名，在今皖南山区。
②莫言：不要说。
③赚得：骗得。
④空喜欢：白白的喜欢。
⑤拦：阻拦，阻挡。

古诗今读

不要说从山岭上下来就没有困难，这句话骗得前来爬山的人白白地欢喜一场。当你进入到崇山峻岭的圈子里以后，你刚攀过一座山，另一座山立刻将你阻拦。

赏析要点

这首诗文字平白浅易，通俗生动，但意趣丰富，所描绘的现象，所抒发的体验，具有某种典型性，容易使人联想起生活中的类似现象，唤起人们类似的体验，从而引发共鸣，给人以启迪和思考。

"莫言下岭便无难"，这是一个很有内涵的诗句，它包含了下岭前艰难攀登的整个上山过程，以及对所经历困难的种种感受。正因为上山艰难,人们便往往把下山看得容易和轻松。开头一句,正是对这种普遍心理所发的棒喝。"莫言"二字,像是自诫,又像是提醒别人,耐人寻味。

第二句补足首句,"赚得行人空喜欢","赚"字富于幽默风趣。行人心目中下岭的容易,与它实际上的艰难形成鲜明对比,因此说"赚"——行人是被自己对下岭的主观想象骗了。诗人在这里点出而不说破,给读者留下悬念,使下两句的出现更引人注目。

三四两句承接"空喜欢",对第二句留下的悬念进行解释。本来,上山过程中要攀登多少道山岭,下山过程中也会相应遇到多少道山岭。山本无知,"一山放出一山拦"的形容却把山变成了有生命有灵性的东西。它仿佛给行人布置了一个迷魂阵,设置了层层叠叠的圈套。而行人的种种心情——意外、惊诧、厌烦,直至恍然大悟,也都在这一"拦"一"放"的重复中体现出来了。

把握这首诗的主题时,首先应将文体定位——哲理诗,然后就能较快地知道,此诗明写登山的感受,实为谈人生哲理。这首诗的前半部是议论,后半部是描摹,诗人借助景物描写和生动形象的比喻,通过写山区行路的感受,创造了一种深邃的意境,寄寓着一个具有简单意义的深刻哲理:人生在世岂无难,人生就是不断的与"难"作斗争,没有"难"的生活,在现实社会中是不存在的。人们无论做什么事,都要对前进道路上的困难做好充分的准备,不要被一时的成功所迷醉。

作者掠影

杨万里(1127~1206),南宋著名诗人,字廷秀,号诚斋,吉州吉水(今江西省吉水县)人。绍兴二十四载(1154)考取进士后,曾任国子博士、太常丞兼吏部右侍郎、吏部员外郎等。在中国文学史上,与尤袤、范成大、陆游合称南宋"中兴四大诗人"、"南宋四大家",著有《诚斋乐府》。一生作诗两万多首,现存四千二百多首。他一生爱国,但始终得不到重用。晚年受权臣打压,忧愤而死,谥号文节,被追赠光禄大夫。其诗歌创作自成一家,创造了新奇幽默的"诚斋体"。

延伸阅读

过松源晨炊漆公店六首

其一

　　侧塞千山缝也无,上天下井万崎岖。昨朝曾过芙蓉渡,寻到溪源一线初。

其二

　　山北溪声一路迎,山南溪乡送人行。也知流向金陵去,若过金陵莫寄声。

其三

　　后山勒水向东驰,却被前山勒向西。道是水柔无性气,急声声怒慢声悲。

其四

　　日高谷底始微暄,岚翠依然透骨寒。说与行人忙底事?金鸡声里促银鞍。

其五

　　莫言下岭便无难,赚得行人空喜欢。正入万山圈子里,一山放出一山拦。

其六

　　正是行人肠断时,子规得得向人啼。若能泪得居人脸,始信春愁总为伊。

　　这几首诗作于诗人在建康江东转运副使任上外出纪行的时候。诗人一生力主抗战,反对屈膝投降,故一直不得重用,宋孝宗登基后,便被外放做官。作者途经松源时,见群山环绕感慨不已,于是写下了这些诗。

考试链接

　　1. "赚得行人空喜欢"一句,有的版本作"赚得行人错喜欢","错"与"空"哪一个字更恰切?请说明理由。

　　2. 末句的"放出"和"拦"用得精彩,为什么?请简要分析。

　　3. 本诗表达了怎样的人生哲理?是怎样来表现这个深刻哲理的?

编注者：师 文

【参考答案】
1. "空"更恰切。"错"字只表明"喜欢"是一种错误；而"空"字不仅包含了这一层意思，还突出地表现了"行人"被"赚"后空落落一片惘然的失落神态，形象感更强。
2. 这两个词用拟人的修辞手法形象地写出了山山相连的特点，写得生动，富有情趣。
3. 人生哲理--人生就是这样：一个问题解决了，又一个问题出现在眼前，周而复始，永无止境。用"行山路"这个意象来隐喻"人生充满矛盾"的这一哲理。

词牌初识

如梦令：

1. 词牌介绍：

如梦令，又名"忆仙姿""宴桃源"等。以李存勖《忆仙姿·曾宴桃源深洞》为正体，单调三十三字，七句五仄一叠韵。另有三十三字六仄韵，三十三字四仄韵一叠韵，三十三字五平韵一叠韵，以及六十六字五仄韵一叠韵的变体。代表作有李清照《如梦令·常记溪亭日暮》等。

2. 格律举例：

中仄中平中仄（韵），中仄中平中仄（韵）。中仄仄平平，中仄中平中仄（韵）。中仄（韵），中仄（韵），中仄中平中仄（韵）。

（说明：平，填平声字；仄，填仄声字；中，可平可仄。）

3. 范例：《忆仙姿·曾宴桃源深洞》

曾宴桃源深洞，一曲舞鸾歌凤。长记别伊时，和泪出门相送。如梦，如梦，残月落花烟重。

[清] 顾沄 《怡园图册》

游山西村

[宋] 陆游

莫笑农家腊酒①浑,丰年留客足鸡豚②。

山重水复③疑无路,柳暗花明④又一村。

箫鼓⑤追随春社⑥近,衣冠简朴古风存⑦。

从今若许⑧闲乘月⑨,拄杖无时⑩夜叩门⑪。

扫一扫,听朗读

注释

①腊酒:腊月里酿造的酒。
②足鸡豚(tún):意思是准备了丰盛的菜肴。足,足够,丰盛;豚,小猪,诗中代指猪肉。
③山重水复:一座座山、一道道水重重叠叠。
④柳暗花明:柳色深绿,花色红艳。
⑤箫鼓:吹箫打鼓。
⑥春社:古代把立春后第五个戊日作为春社日,拜祭社公(土地神)和五谷神,祈求丰收。
⑦古风存:保留着淳朴的古代风俗。
⑧若许:如果允许。
⑨闲乘月:有空闲时趁着月光前来。
⑩无时:没有一定的时间,即随时。
⑪叩(kòu)门:敲门。

古诗今读

不要笑农家腊月里酿的酒浊而又浑,在丰收的年景里待客菜肴非常丰盛。

山峦重叠水流曲折正担心无路可走,柳绿花艳忽然眼前又出现一个山村。

吹着箫打起鼓祭典春社的日子已经接近,村民们衣冠简朴古代风气仍然保存。

今后如果还能乘大好月色出外闲游,我一定挂着拐杖随时来敲你的家门。

赏析要点

这是一首记游诗,记录了诗人乾道三年(1167年)罢官归故里后,一次到山西村游赏的经历。全诗四联,围绕"游"字层层展开。

"莫笑农家腊酒浑,丰年留客足鸡豚。"首联写游前的精神准备,农民朋友的相约,还刻画了主人款留的盛情。农家迎宾,备有腊酒,酒味虽不及清酒醇美,但待客的情谊却是极其真诚的。菜肴有鸡和豚,虽不是山珍海味,但都是自家生产,加上年成好,可以让客人尽情享用。前一句的"莫笑",后一句的"足"字,都很有表现力:既像模拟主人的口吻,又像是诗人在赞叹,传递出山西村民的淳朴和好客。

"山重水复疑无路,柳暗花明又一村。"颔联写山行情景。山阴道上,山光水色令人应接不暇。山遮水绕,诗人几乎疑心无路可走了。但几经探寻,明暗转折间,山西村便到了。前一句中的"疑"字用得传神:"疑无路"不是真的无路可走,而只是路难找。后一句中的"又"字也很传神:"又一村"不是说一个接着一个村,而是经过探寻忽然发现村庄就在那里,有一种豁然开朗的喜悦。在人生的境遇中,往往和诗句所写一样,有时障碍重重,但就在某一刻却突然有了转机。诗句道出了世间事物变化哲理,因此也超越了自然景物描写的范围,被人们广泛引用。

"箫鼓追随春社近,衣冠简朴古风存。"颈联正面写山西村所见所感。箫鼓声不绝于耳,原来是农民在迎接春社日的来临。"春社近",已经"箫鼓追随",想来春社日场面会更加热闹。"衣冠简朴"源出陶渊明《桃花源诗》中"俎豆犹古法,衣裳无新制"。意思是说礼法都还保持着古老样式。这里是说人们淳朴厚道,生活宁静而美好。这是陆游心中的理想社会。它既是对首联的渲染,更是对颔联"柳暗花明"的递进,强调环境之美,意境之美。

"从今若许闲乘月,拄杖无时夜叩门。"尾联写归来的愉悦和重游的期望。最好是能不时挂杖乘月,轻叩柴扉,与老农长谈的生活才是诗人的愿望。但言语之下,是心中抱负难平,期盼早日复出报效国家的忧思。

这首诗主线突出，层次分明。俨然一幅出游画卷呈现读者眼前，且心理刻画入木三分。读来顿觉生活的美好宁静，但又透着一种淡淡的忧郁。

作者掠影

陆游（1125~1210），南宋文学家、史学家、爱国诗人。字务观，号放翁。越州山阴（今浙江绍兴）人，少时受家庭爱国思想熏陶，高宗时应礼部试，为秦桧所黜。孝宗时赐进士出身。中年入蜀，投身军旅生活，官至宝章阁待制。晚年退居家乡。创作诗歌今存九千多首，内容极为丰富，多为忧国报国之作。著有《剑南诗稿》《渭南文集》《南唐书》《老学庵笔记》等。

延伸阅读

陆游的一生

陆游一生几起几落，抗金报国之志不得抒。他因积极支持抗金将帅张浚北伐，符离战败后，遭到朝廷中主和投降派的排挤而罢官归里。陆游回到家乡的心情是相当复杂的，苦闷愤慨交织，但他在这个阶段内心还是充满希望的，期待有一天能重归，为国报效。这段时间的农村生活让他颇感平淡生活的快乐。所以作品多写生活题材，且有积极等待之意。游山西村正是这种心理下的作品。但随着时间推移，政权集团消极享乐的不抵抗政策，使他日感悲愤，后期作品多抒发其爱国之情和报国无门的悲愤。

1172年冬，他写下《卜算子·咏梅》：驿外断桥边，寂寞开无主。已是黄昏独自愁，更著风和雨。无意苦争春，一任群芳妒。零落成泥碾作尘，只有香如故。托物言志，表达了自己的爱国情操和高洁人格。

1177年，他伤感南宋朝廷不思收复失地，整日沉浸在苟且的歌舞中。他写下《关山月》：和戎诏下十五年，将军不战空临边。朱门沉沉按歌舞，厩马肥死弓断弦。戍楼刁斗催落月，三十从军今白发。笛里谁知壮士心，沙头空照征人骨。中原干戈古亦闻，岂有逆胡传子孙！遗民忍死望恢复，几处今宵垂泪痕。抨击腐朽政权和表达自己的忧国忧民之情。

1189年被罢官后，诗人回到山阴的镜湖边闲居，虽报国无门，但烈士暮年，壮心不已。回想几个月的戎马生涯，是压抑，是悲壮。他又写下了《诉衷情·当年万里觅封侯》：当年万里觅封侯，匹马戍梁州。关河梦断何处？尘暗旧貂裘。胡未灭，鬓先秋，泪空流。此生谁料，心在天山，身老沧洲。"说尽忠愤，回肠荡气"（史双元），满腹怆然，感人至深。

这种情怀诗人至死都无法释怀，1210 年，这位伟大的爱国诗人走到了生命的尽头。临终前，他写下《示儿》：死去元知万事空，但悲不见九州同。王师北定中原日，家祭无忘告乃翁。这是他给儿孙的遗嘱，更是其发出的最后抗战号召。让人每每读来泪沾衣襟。

考试链接

1. "柳暗花明"写出了自然美景，为什么用"暗"来形容"柳"、用"明"来形容"花"？

2. "柳暗花明"流传下来成为一个成语，它现在意思通常指什么？

编注者：曹艳芳

【参考答案】
1. 柳色深绿，所以用"暗"；花光艳丽，所以用"明"。
2. 比喻困境后重新出现转机，看到希望。

[明] 唐寅 《松林扬鞭图》

己亥杂诗（其五）

[清] 龚自珍

扫一扫，听朗读

浩荡①离愁②白日③斜④，
吟鞭⑤东指⑥即⑦天涯⑧。
落红⑨不是无情物，
化作春泥更护花⑩。

注释

①浩荡：本指水势浩大，广阔无边的样子。这里形容愁思无穷无尽。
②离愁：离别的愁思。
③白日：指太阳。
④斜（xiá）：西下。
⑤吟鞭：诗人的马鞭。吟，指吟诗。
⑥东指：指东方故里，离京返杭。
⑦即：副词，正。
⑧天涯：指离京都遥远，也说杭州故里。
⑨落红：落花。花朵以红色者为尊贵，因此落花又称为落红。
⑩护花：养护花。护，滋养惜护。花，比喻国家。

古诗今读

在一个夕阳西下的傍晚，我带着无边无际的愁绪，挥舞着马鞭远离京城，向东奔向远在天涯的家乡。纷纷飘零的落花绝不是无情之物，化作春泥还要培育出更美的鲜花。

赏析要点

正值暮春时节，杂花生树，落英满眼，日暮风起，狼藉残红。点点飞花，惹起了一股浓浓的别离之情。于是，龚自珍情不自禁地挥动马鞭唱出《己亥杂诗》。这首诗虽载着"浩荡离愁"，却表示仍然要为国为民尽自己最后一份心力。

"浩荡离愁白日斜"：写出了诗人离开京城时的感情是"离愁"。是离开毕竟寓居多年的京城之愁；是离开故友，暂别眷属的愁绪；是逃出了令人桎梏的樊笼，不愿与封建势力同流合污的愉快心情，但也仍担心国家命运的忧愁。"浩荡"本指水势浩大，在这里喻"愁"之深。这样，与过去的生活告别，依依不舍的"离愁"是丰富、复杂和多方面的，难怪他说"浩荡"。"白日斜"中一"斜"字，点明离京时间是在傍晚，用晚景衬托离愁，让愁绪抹上一重浓浓的色彩。日既西斜，暮霭已生，此时纵有满腔离情也不得不匆匆赶路，于是抽响马鞭——"吟鞭东指即天涯"。

"吟鞭东指即天涯"：马鞭举处，前面便是离京城越来越远的海角天涯了。"天涯"指诗人家乡——杭州。本句虽无"愁"字，但也表现出离愁；以"天涯"映衬离愁，用夸张手法写伤怀之意。与元人马致远的《天净沙》写秋思："枯藤老树昏鸦，小桥流水人家，古道西风瘦马。夕阳西下，断肠人在天涯。"中"断肠人"有异曲同工之妙。只不过"吟鞭东指即天涯"没有直接说自己是"断肠人"罢了，而断肠之念，能从字里行间感觉出来的。

"落红不是无情物，化作春泥更护花"："落红"，落花。时时拂面的落花既是对前面离愁内涵的补充，也是作为转折，让诗人从离愁中解脱出来，升华主题。"红"比喻理想与信念。"落红"，是作者自比脱离官场。表面写"落花"，实则是运用了托物言志手法，写花虽落但仍恋故枝，并要化成泥土滋养故枝，实际上是借以表露诗人的情怀。诗人把自己的身世与落花完全结合起来，把感情移向落花，才使落花也具有人的感情，从而变成有情之物了。落花有情表现在"化作春泥更护花"。"化作春泥更护花"这是飞花的独白，也是诗人与腐败的官场决裂，向黑暗的势力抗争的庄严而神圣的宣誓。为了国家和黎民百姓，为了似锦繁花，不惜献身化为春泥。

从结构上看，全诗分前后两部分，前两句为一部分，后两句为第二部分。在第一部分中，诗人以天涯、日暮、落花写出一片浩荡的离愁，以落花自况，赋予自己的身世之感；第二部分以落花为过渡，从落花——春泥展开联想，把自己变革现实的热情和不甘寂寞消沉的意志移情落花，然后代落花立言，向春天宣誓，倾吐了深曲的旨意。至此，诗中的离愁以变成崇高的献身精神，天涯、日暮、落花，已和春泥孕育的未来高度融为一体，从而表达了自己对美好事物的追求和对春天的憧憬。

作者掠影

龚自珍（1792~1841），清代思想家、诗人、文学家，是近代启蒙思想的先驱。字璱(sè)人，号定庵。浙江仁和（今浙江杭州）人。由于力主改革弊政，受当局排挤，48岁那年愤然辞官南归。他诗、文、词各体兼长，并精通经学、文字学和史地学。文章奥博纵横，自成一家。行文独具风格，于蕴藉中洋溢着激情，于客观描述中寄托着深意，诗歌瑰丽奇肆，成就尤大。有《龚自珍全集》。

延伸阅读

清代"三百年来第一流"的爱国诗人
——龚自珍

唐新华

龚自珍是清代著名的爱国学者和诗人。

在龚自珍的时代，清朝的"文字狱"，还是很厉害的。读书人动辄得咎，往往由于自己的文字而罹难的冤案，时有发生。龚自珍是著名的古文字学家段玉裁的外孙，按照一般的情况，龚自珍在学术上只要沿着外祖父指点的路子一步一个脚印地走下去，功成名就是指日可待的。但他没有这样做。由于当时社会危机的影响，各族受压迫人民的起义烽火此起彼伏，不断摇撼着清王朝的统治。敏感的龚自珍真切地感受到时代脉搏的激烈跳动，他再也不能继续走考据学的老路了。他并不因为害怕涉及政治问题，就像当时的许多学者那样，一味地钻到故纸堆里去搞那种古老而又艰深的学问。他的学问所涉及的方面，更深广的多。虽然他并没有辜负外祖父的殷切希望，但他也没有离开社会的现实。

他勇敢地、义无反顾地走自己的路，终于成了近代中国维新思想的先驱者，成了引领清代文坛"三百年来第一流"的爱国诗人。他的"我劝天公重抖擞，不拘一格降人才"等充满爱国豪情的著名诗句，至今为人们所传诵。

他有几个志同道合、引为知己的朋友，那就是林则徐、魏源、同是诗人的张际亮，还有为人刚直的黄爵滋、汤朋等。他们都是性格坚强而又有学问的人。龚自珍同他们交往都很密切，结下了深厚的友谊。据说，在鸦片战争爆发前的十年间，他们曾在北京以诗会友，结成宣南诗社，相互激励诗情、切磋琢磨、交流学术。诗友们都是极力主张禁止鸦片输入、抗击英国侵略的有力人物。在禁烟抗英问题上，这些人更有倾诉不尽的爱国衷肠。

龚自珍深知鸦片对人民的危害，所以他大声疾呼："食妖宜绝！"他全力支持林则徐的禁烟运动。1838年底，当林则徐奉旨驰往广东禁烟时，龚自珍闻讯无限欣喜，提笔写下《送钦差大臣侯官林公序》，并为林则徐禁烟献计献策，希望他"宜以重兵自随"，并要他多带能工巧匠，以"整修军器"；同时，龚自珍还表示愿随他一起南下广东，为禁烟贡献绵薄之力。但是，由于朝廷内部的斗争相当复杂，林则徐自己也有难言的苦衷，对于龚自珍的南下要求，只得婉言谢绝了。龚自珍那种渴望参加反侵略斗争的急切心情，在他后来怀念林则徐的诗篇中，得到更加生动而又深刻的表现：做人横海拜将军，侧立南天未蒇勋。我有阴符三百年，蜡丸难寄惜雄文。

1839年（清道光十九年）为己亥年，四十八岁的龚自珍，由于"好直言"，得罪了不少达官显贵，受到倾轧和打击。他同朝廷权贵们越来越难相处了。于是就以父母年事已高，需侍奉双亲于晨昏为由，辞去官职，返回南方老家。那时是这一年五月。十月，他又北上接回家眷。在南北往返的途中，特别是五月单身回归，一路上，走走停停，各处看看，遇事想想，他的创作获得了很大的丰收，光诗就写了三百一十五首，都是七言绝句。因为是乙亥年写的，所以他把这些诗编集在一起，命名为《己亥杂诗》。这组诗，记录了行程九千里的路途所见所闻，还有对往事的回忆。他抒发的深沉感慨和忧愁，反映了中国封建社会末世行将灭亡的清王朝的社会风貌。据说，在南归途中，诗人尚未抵家，而他在归程中写的一些诗篇，已经先传到了家乡。所以有了"诗先人到"的之说，被传为美谈。

龚自珍南归以后，迁居江苏昆山。在丹阳和杭州的书院里做过短期讲学。即使在这样的境遇下，他也并不消沉。他那永不妥协的战斗精神、战斗锐气，并没有减弱。他继续用手中的笔挥写战斗的诗文。而当别人以为他由于官场失意，可能从此一蹶不振而成为萎谢于地的落花时，他却出人意料地引吭高歌：

浩荡离愁白日斜，吟鞭东指即天涯。

落红不是无情物，化作春泥更护花。

尽管在夕阳西下时辞京南归，不免有无边的离愁，但诗人并没有悲痛欲绝、黯然落泪，而是以更优美动人的诗句，表明自己高洁的心迹："落红不是无情物，化作春泥更护花。"诗人以此比喻自己虽然辞了官，仍然愿意为国家、社会尽最后的一点余力。他那为理想而斗争到底的决心，是多么坚强！

考试链接

1. 龚自珍的《己亥杂诗》其五，开头两句，以"_____"修饰离愁，以"_____"衬托离愁，这种表现手法和马致远的"夕阳西下，断肠人在天涯"有异曲同工之妙。

2. 龚自珍的《己亥杂诗》其五，一诗中直抒作者心境的一个短语是_____，诗中表达作者心志的诗句是：_____，_____。

3. 诗歌中流露出了诗人的两种情感：舍和不舍。诗人想舍的是什么，不想舍的又是什么？

编注者：李 斌

【参考答案】
1. 浩荡　白日斜
2. 浩荡离愁　落红不是无情物　化作春泥更护花
3. 诗人想舍的是当朝者的黑暗和腐朽，不想舍的是亲朋好友和国家的前途命运。

[清] 石涛 《山水图页》

马嵬（其二）

[唐] 李商隐

海外徒闻更九州，他生未卜此生休。
空闻虎旅①传宵柝②，无复鸡人③报晓筹④。
此日六军同驻马，当时七夕笑牵牛。
如何四纪为天子，不及卢家有莫愁。

注释

①虎旅：指跟随唐玄宗赴蜀的禁卫军。
②宵柝：夜间巡逻时用的梆子。
③鸡人：皇宫中报时的卫士。汉代制度，宫中不得畜鸡，卫士候于朱雀门外，传鸡唱。
④筹：计时的用具。

古诗今读

风雨飘摇、夕阳西下的现实让我眼前又浮现出了马嵬之变的历史场景，昔日骊山避暑时"永为夫妇"的誓言早已被残酷的现实击得粉碎。空旷的九州找不到你玉颜，一切只是徒劳未卜，禁军的巡逻打更让昔日安然高卧、等待鸡人的玄宗狼狈不堪，天子威严何在，夜还是那个夜，那晚在长生殿嗤笑牛郎织女的缠绵却化作了今夜逼死你的白绫。堂堂天子竟然连自己心爱的人都无法保护，不如平凡夫妇能朝夕相守。

赏析要点

玄宗贵妃的爱情悲剧是文人创作的热门素材，大多数同情李杨爱情悲剧，特别是白居易的《长恨歌》就是代表之一。而李商隐的《马嵬》却以批判的眼光、令人警醒的内涵、辛辣的嘲讽为我们呈现了他咏史诗独特的魅力。

首联叙议结合，从马嵬之变后玄宗穷极宇内招魂写起，用"海外""更九州"写出了方士在海外见到杨妃的传说，并且杨妃还记着"愿世世为夫妇"的誓言，愿意与他继续坚守生前约定，"徒闻"恰恰说明这一切都是虚幻而已，唐李二人生为夫妇的愿望显然渺茫"未卜"，今生的夫妇关系"休"这是肯定的。不带一字的评论却隐含着嘲讽意味，感情化的表达表现了唐玄宗的无奈。

颔联选用两个极具概括性、代表性的场景来描述，"空闻虎旅传宵柝"说明耳边只能听到夜间禁军巡逻打梆声，肃杀惊心，"无复鸡人报晓筹"说明再也听不到皇宫禁苑中鸡人报晓之声了，也反衬马嵬驿的"虎旅传宵柝"的逃难生活很不安适，这两种场景的鲜明对照，显出人物处境今昔的天差地别。"虎旅"不再是听从皇命的禁卫军了，而是要发动兵变了。再用"空闻"为下文兵变埋下伏笔，"无复"暗示着唐朝盛世将走向没落，流露出作者深深的叹息。

颈联的"此日"与当时就是今日生死离别与昔日海誓山盟之间强烈的对比。玄宗与杨妃"当时"（七夕）誓要"世世为夫妇"，讥笑牵牛、织女一年见一次，而现在却遇上"六军不发"，杨妃赐死的结局，让人不由得去思考这场悲剧的根源在哪里。同时，"六军同驻马"也是对颔联"虎旅传宵柝"的照应，"七夕笑牵牛"与"鸡人报晓筹"高度契合，也是当时那种歌舞升平、花天酒地、声色犬马生活的写照。行文至此，尾联的一句已如箭在弦。

尾联也包含强烈的对比。平民女子莫愁婚嫁卢家幸福美满，而李杨爱情却充满悲剧，"四纪"可谓荣耀之极，"卢家"显得多么平凡卑微，为什么当了四十多年的皇帝唐玄宗还不如普通百姓能保住自己的妻子呢？这到底是为什么呢？议论以感慨、问语而出，启发世人汲取前人教训，切勿沉湎情色，败坏朝纲，导致国家陷入动荡之中的历史教训。全诗的对比使得诗歌一唱三叹，造成回环往复的艺术效果，增强了诗歌的警醒力、感染力、说服力。

作者掠影

李商隐（813~858），晚唐杰出诗人。字义山，号玉溪生，怀州河内（今河南省沁阳市）人，李商隐年少聪慧，二十五岁进士。但是他步入仕途之后即被卷入党争漩涡，在政治上倍受打击，一生贫困潦倒，郁郁不得其志，四十五岁即死于荥（xíng）阳。著有《玉谿生诗》，清代冯浩《玉谿生诗笺注》较为详备。

延伸阅读

马嵬驿兵变

天宝十五载（756年）六月，安禄山攻入潼关，唐玄宗于7月12日决定放弃长安逃亡四川。路上无人接洽，十分辛苦。第三天入驻马嵬驿（今陕西兴平）。保护皇帝的禁卫军无粮，陈玄礼对将士进行煽动："今天下崩离，万乘震荡，岂不为杨国忠割剥毗庶、朝野怨尤，以至此耶？若不诛之以谢天下，何以塞四海之怨愤！"众将怨恨都发泄到杨国忠身上，请杀杨氏兄妹。因此发生兵变，杨国忠逃进西门内，士兵蜂拥而入，将其乱刀砍死。杨国忠死后，士兵将馆驿围住，要求唐玄宗杀死杨国忠的妹妹杨贵妃，以防止日后报复。唐玄宗迫于情势危急，不得不命令高力士将杨贵妃缢死于佛堂前的梨树之下，方才稳住了军心。

安禄山叛乱时，玄宗本想让太子李亨接替皇位，此次兵变太子李亨是主谋，使唐玄宗大受打击。玄宗与李亨于马嵬驿分道，玄宗向南赴四川，李亨向北，收拾残兵败将。此后不久李亨就在灵武继皇帝位，尊玄宗为太上皇。

考试链接

1. 对这首诗的赏析，不正确的一项是（　　）。

A. 唐人咏马嵬之变的诗很多，本诗和其他大多数诗一样，把罪责推给杨贵妃，而为唐玄宗辩护。

B. "空闻"句，用"虎旅鸣宵柝"五字，烘托出逃难途中的典型环境，从中，主人公的狼狈神态和慌乱心情，也依稀可见。

C. 宫廷中的"鸡人报晓筹"反衬马嵬驿"虎旅鸣宵柝"，使昔乐今苦，昔安今危的不同处境和心境，跃然纸上。

D. "七夕笑牵牛"是对玄宗迷恋女色、荒废朝政的典型概括，用来对照"六军同驻马"，表现出二者的因果关系。

2. 《马嵬》（其二）一诗的尾联运用了什么手法？表达了怎样的意思？

3. 有人说《马嵬》（其二）的特点是"讽意至

深,用笔至细",试用诗中内容来说说诗句中所隐含的讽刺意味。

编注者:王　黎

【参考答案】
1. A(没有把罪责推给杨贵妃而为唐玄宗辩护,这首诗批判的锋芒恰好是指向唐玄宗。)
2. 以对比手法和反诘语气作结,寄托感慨,点明题旨,把批判的锋芒直接指向唐玄宗。作者在这里向世人发出冷峻的诘问:为什么当了四十多年的皇帝,唐玄宗反不如普通百姓能保护自己的妻子呢?这一反问虽然含蓄却很有力,包含强烈的对比,启发世人记取唐玄宗沉迷情色,荒废朝政,致使国家陷于动荡、人民饱受战乱之苦的历史悲剧。一方面是当了四十多年皇帝的唐玄宗保不住宠妃,另一方面是作为普通百姓的卢家能保住既能"织绮"又能"采桑"的妻子莫愁。
3. 首联,海外徒闻而不可得,极具讽刺地指出唐玄宗的痴心空想;颔联,"空闻"与"无复"相应,嘲讽了玄宗的荒唐误国;颈联,"此日"的现状与"当时"的海誓山盟,在对比中加强了讽刺的意味;尾联,"四纪天子"与"卢家莫愁"形成强烈反差,一个"不及"更添嘲讽之意。

[明] 沈周 《灞桥风雪图》

从军行[1]

[唐] 杨炯

扫一扫，听朗读

烽火[2]照西京[3]，心中自不平。

牙璋[4]辞凤阙[5]，铁骑绕龙城[6]。

雪暗凋[7]旗画，风多杂鼓声。

宁为百夫长[8]，胜作一书生。

注释

①从军行：乐府《相和歌·平调曲》旧题，多写军旅生活。
②烽火：古代边防告急的烟火。
③西京：长安。
④牙璋：古代发兵所用之兵符，分为两块，相合处呈牙状，朝廷和主帅各执其半。代指奉命出征的将帅。
⑤凤阙：阙名。汉建章宫的圆阙上有金凤，故以凤阙指皇宫。
⑥龙城：又称龙庭，在今蒙古国鄂尔浑河的东岸。汉时匈奴的要地。汉武帝派卫青出击匈奴，曾在此获胜。这里指塞外敌方据点。
⑦凋：原意指草木枯败凋零，此指失去了鲜艳的色彩。
⑧百夫长：一百个士兵的头目，泛指下级军官。

古诗今读

边塞的报警烽火传到了长安，首都告急壮士之心岂能平静。

朝廷的将帅提兵刚出了宫门，身着铁甲的骑士已合围龙城。

大雪纷飞遮天蔽日军旗失色，狂风怒吼裹挟着战鼓声声。

宁愿做个低级军官冲锋陷阵，也比做一个白面书生有用。

赏析要点

"初唐四杰"之一的杨炯这首诗，借用乐府旧题"从军行"，却不是乐府的古体诗，而是一首标准的五言律诗。全诗描写一个读书士子从军边塞、参加战斗的全过程。

首联实写首都告急及心中所感。诗人不直接说明军情紧急，而是通过"烽火"和"西京"的奇妙组合，把军情的紧急表现出来。长安作为首都本来应该是帝国最安全的地方，但是现在却被战争的烽火照亮。这是何等紧急的军情啊！首都告急，壮士的内心岂能平静！一个"照"字渲染了紧张气氛，写出了敌军入侵之急。国家兴亡，匹夫有责，他不愿再把青春年华消磨在笔砚之间。一个"自"字，表现了书生由衷的爱国激情，写出了人物的精神境界。这两句交代了整个事件展开的背景。

颔联描写军队辞京出师的场景及其战争形势。

"坐而言，不如起而行"！既然内心不平，就要投军报国。这是一个经典的出征场景："牙璋辞凤阙，铁骑绕龙城。""牙璋"是皇帝调兵的符信，分凹凸两块，分别掌握在皇帝和主将手中。"凤阙"是皇宫的代称。将军提兵，辞别皇宫，奔赴疆场。这里，诗人用"牙璋""凤阙"两词，显得典雅、稳重，既说明出征将士怀有崇高的使命，又显示出师场面的隆重和庄严。一个"辞"字写出了辞别朝廷，告别家人，义无反顾地奔赴前线的情景。下句"龙城"是古代匈奴的祭天之所。当年汉武帝时候，卫青出击匈奴，直捣龙城，所以历来都用"龙城"指代少数民族的牙帐。显然唐军已经神速地到达前线，并把敌方城堡包围得水泄不通。"铁骑""龙城"相对，渲染出龙争虎斗的威猛。一个"绕"字，尽显合围之势，形象地写出了唐军包围敌人的军事态势，一场激战就在眼前。

颈联描摹战斗的激烈场面。诗人没有从正面着笔，而是通过战场的景致来表现战斗。军旗和战鼓是两种最有代表性的战场象征。旗帜就是方向，"雪暗凋旗画"，是视觉效果，大雪纷飞，遮天蔽日，军旗上的彩画都为之黯然失色。战鼓就是动力，"风多杂鼓声"，是听觉效果，北风呼啸，风声满耳，中间还夹杂着咚咚的战鼓之声。我国古代军队规矩是，击鼓进军，鸣金收兵。这两句恰好说明士兵正在冒着风雪进攻啊！"雪暗凋旗画，风多杂鼓声"，根本没写正面战斗，但是战斗的画面却已经跃然纸上。

尾联抒发从戎书生保边卫国的壮志豪情。"百夫长"就是一百个士兵的头目，即下级军官。这不是人们通常会羡慕的职位，但是大敌当前诗人宁可以小军官的身份，驰骋沙场，也不愿终老书斋。书生报国，投笔从戎，这正是盛唐之音！祖咏曾说"少小虽非投笔吏，论功还欲请长缨"（《望蓟门》），唐朝大量的边塞诗中充满着这种豪气干云之志，拳拳报国之心。这样的尾联，收得雄壮豪迈，充满英雄主义精神，使得整首诗气壮山河。

作者掠影

杨炯（650~692），唐代诗人。唐初文坛"四杰"之一。字盈川，华州华阴（今陕西华阴市）人，他于显庆六年（661年）被举为神童。上元三年（676年）应制举及第，补校书郎，累迁詹事、司直。武后垂拱元年（685年）因从弟杨神让参与徐敬业起兵，降官为梓州司法参军。天授元年（690年），任教于洛阳宫中习艺馆。天授三年（692年）七月十五日，洛阳宫中拿出盂兰盆分送佛寺，武则天与群臣在洛阳城门楼上观赏，杨炯立即写成《盂兰盆赋》一篇，进献给武则天，极力歌颂武则天的周王朝，并希望武则天"任贤相，淳风俗，远佞人，措刑狱，省游宴，披图策，捐珠玑，宝菽粟"等成为帝王的风范。当年秋后迁盈川令（县治在今浙江省衢州市衢江区高家镇盈川村）。据记载"盈川"是他到任后根据地理位置由"白石"更名而来，意在使这川流之处，稻香长川，谷盈千仓，百姓富裕。他在盈川大约三年多时间，深得百姓拥戴。卒于任上后，被称为"杨盈川"。

杨炯工诗，擅长五律，其边塞诗较著名。代表作如《从军行》《出塞》《战城南》《紫骝马》等，表现了为国立功的战斗精神，气势轩昂，风格豪放。有《盈川集》三十卷。

延伸阅读

初唐四杰

"初唐四杰"是唐代初年文学家王勃、杨炯、卢照邻、骆宾王的合称,简称"王杨卢骆"。他们都是初唐中后期很有才华的诗文作家,四个人在青少年时代就获得"四杰"的美誉。

唐朝初年,唐太宗喜欢宫体诗,写的诗多为风花雪月之作,有很明显的齐梁宫体诗的痕迹。大臣上官仪也秉承齐梁遗风,士大夫们争相效法,时称"上官体"。"四杰"挺身而出,一起投入反对"上官体"的创作活动之中。他们力图冲破齐梁遗风和"上官体"的牢笼,把诗歌从狭隘的宫廷转到了广大的市井,从狭窄的台阁移向了广阔的江山和边塞,开拓了诗歌的题材,丰富了诗歌的内容,赋予了诗歌新的生命力,提高了诗歌的思想意义,推动了初唐诗歌向着健康的道路发展。

王勃字子安,出身望族,爷爷王通是隋朝大儒,父亲王福畤也在朝为官。王勃六岁就会写诗,被誉为神童。上元三年(676年),王勃南下探父,渡海溺水,惊悸而死,年仅26岁,可谓英年早逝。他年少时写的骈文《滕王阁序》是我国古典文学中的名篇,"落霞与孤鹜齐飞,秋水共长天一色",就是其中的名句。王勃在诗歌体裁上擅长五律和五绝,"海内存知己,天涯若比邻"的佳句家喻户晓。代表作有《滕王阁序》《杜少府之任蜀州》等。

杨炯是华州华阴(今陕西华阴市)人,年仅11岁被举为神童。杨炯的文学才华出众,善写散文尤擅长诗词,擅长写边塞诗,雄健、气魄。他对当时所称"王、杨、卢、骆",自谓"愧在卢前,耻居王后",当时议者亦以为然。代表作有《从军行》《紫骝马》等。

卢照邻,字升之,自号幽忧子,幽州范阳(治今河北省定兴县)人。由于政治上的坎坷失意和长期病痛的折磨,终自投颍水而死。卢照邻工诗,尤其擅长七言歌行,对推动七古的发展有较大贡献。杨炯誉之为"人间才杰"。不少佳句传诵不绝,如"得成比目何辞死,愿作鸳鸯不羡仙"更被后人誉为经典。代表作《长安古意》等。

骆宾王出身寒门,七岁能诗,号称"神童"。据说《咏鹅》就是此时所作。骆宾王尤擅七言歌行,名作《帝京篇》为初唐罕有的长篇,当时以为绝唱。骆宾王文辞出众,格律谨严。代表作有《在狱咏蝉》《于易水送人》等。

四杰齐名,皆为神童,官小而名大,年少而才高,在初唐诗坛的地位很重要。上承梁陈,下启沈宋,其中卢、骆长于歌行,王、杨长于五律。后人所说的声律风骨兼备的唐诗,从他们开始定型。他们四人诗风的转变和题材的扩大，预示着唐诗未来的发展方向，他们是真正的唐诗揭幕人。

考试链接

1. 尾联采用的是_____的抒情方式，既表现了作者_____的思想，也反映了当时唐王朝强盛国势下_____的民族心态，读来令人豪情满怀。"牙璋""凤阙""铁骑""龙城"采用的都是_____的修辞方法。

2. 本诗用"照""辞""绕"这些动词写出了书生从军的原因和过程，请作简要分析。

编注者：朱青绿

【参考答案】
1. 直抒胸臆　忠君报国、建功立业　尚武好战　借代
2. 三个动词描绘了三幅典型画面。"照"字写出了敌军入侵之急，激起书生心中的爱国情怀；"辞"字写出了辞别朝廷，告别家人，义无反顾地奔赴前线的情景；"绕"字，写出唐朝的军队把入侵的敌军紧紧地包围起来，一场激战就在眼前的情景。三个动词高度概括，生动地描写了书生从军的原因和过

[明]　仇英　《松林六逸》

论 诗①

[清] 赵翼

李杜②诗篇万口传，

至今已觉不新鲜。

江山③代有④才人⑤出，

各领风骚⑥数百年。

注释

①论诗：评论诗歌，本组诗共五首，这里选的是第二首。

②李杜：指李白和杜甫。

③江山：大地，引申为社会。

④代有：每个时代都有。

⑤才人：有才华的诗人、文学家。

⑥风骚：指《诗经》中的"国风"和屈原的《离骚》。后来把关于诗文写作的事叫"风骚"。这里指在文学上有成就的"才人"的崇高地位和深远影响。

古诗今读

李白和杜甫的诗篇曾经被成千上万的人传诵，现在读起来感觉已经没有什么新意了。

国家代代都有很多有才华的人，他们的诗篇文章以及人气都会流传数百年。

赏析要点

"李杜诗篇万口传，至今已觉不新鲜"：诗人指出，即使是李白、杜甫这样伟大的诗人，他们的诗篇也有历史局限性，因流传千年，播于众口，已经不再给人以新鲜感。这里所谓的"不新鲜"绝没有贬抑李杜之意,只是举出了诗歌史上的两位大家来提倡创新,反对机械模拟。

"江山代有才人出,各领风骚数百年":诗人以历史发展的眼光来看,呼唤创新意识,希望诗歌写作要有时代精神和个性特点,大胆创新,反对因循守旧,不必惟古人是从。以理入诗,发人深思。世人常常用这句诗来赞美人才辈出,或表示一代新人替换旧人,或新一代的崛起,就如滚滚长江,无法阻拦。

清代由于大兴文字狱,读书人不敢褒贬时政,就大量研究起古文化来。因此,读书人作诗复古成风。针对此现状,诗人用浅近的语言,直抒胸臆,发表了自己对诗歌创作的卓越见解:诗歌在创作上应求变创新,而不要刻意模仿,跟在古人后面亦步亦趋。如果一味抱残守缺,厚古薄今,那么永远只能是裹足不前。为了说明这个道理,作者以诗仙李白、诗圣杜甫为例,评价了他们在诗歌创作上的伟大成就。接着笔锋一转,随着时代发展,诗歌创作也要推陈出新,不能停滞不前。每个朝代都会有新人涌现,发展、创作是作者论诗的核心与灵魂。"江山代有才人出,各领风骚数百年。"一句表达了作者主张文学创作应随着时代变化发展的主题思想与中心。

作者掠影

赵翼(1727~1814),清代文学家、史学家。字云崧,一字耘崧,号瓯北,又号裘萼,晚号三半老人,江苏阳湖(今江苏省常州市)人。乾隆二十六年进士,官至贵西兵备道。旋辞官,主讲安定书院。长于史学,考据精赅。论诗主"独创",反模拟,重视诗家的创新"力欲争上游,性灵乃其要",反对明代前、后七子的复古倾向。五、七言古诗中有些作品,嘲讽理学,隐喻对时政的不满之情,与袁枚、张问陶并称清代性灵派三大家。所著《廿二史札记》与王鸣盛《十七史商榷》、钱大昕《二十二史考异》合称清代三大史学名著。他的文学著作有诗集53卷及《瓯北诗话》。

赵翼存诗4800多首,以五言古诗最有特色。如《古诗十九首》《杂题八首》《后园居诗》等,或嘲讽理学,或隐喻对社会的批判,或阐述一些生活哲理,颇有新颖思想。

延伸阅读

骚体和骚人的来源

说起"骚"体,我们就不得不提骚体创始人

——楚国的屈原。在一个风和日丽的早上,屈原来到了楚怀王面前,说了一堆逆耳的忠言,楚怀王心中不爽,就把屈原流放到荒野。

屈原心生郁闷,在一条河边踱步,想到自己在朝廷上受到的不公待遇,悲从中来,愤而做了一首《离骚》。

所谓《离骚》,往俗了讲就是"牢骚"。屈原写完《离骚》之后,发现用文字来纾解心情很有效,于是就用同样的方式写了很多名句。

惟草木之零落兮,恐美人之迟暮。众女嫉余之蛾眉兮,谣诼谓余以善淫。芳菲菲而难亏兮,芬至今犹未沬。

句中带"兮",统称为"骚体"。

可是历史上遭受不公命运的人不止屈原一个,他们又该怎么抒发自己心中的愤懑呢?于是后世就发展出了骚体赋。如司马相如的《长门赋》《大人赋》,班固的《幽通赋》,张衡的《思玄赋》……

骚体赋属于汉赋,但形式上属于骚体,所以后代称这种"高级牢骚"为"骚体赋",发这种"高级牢骚"的人称为骚人。我们刚才所说的屈原就是骚人的代表。

骚人,指失意的文人。

李白的《古风》"正声何微茫,哀怨起骚人",就表明了骚人多哀怨的特点;范仲淹也曾在《岳阳楼记》里有"迁客骚人,多会于此"一说。

骚人有很多,《红楼梦》中的林黛玉可算其中翘楚,林黛玉因为年幼寄人篱下,心中多哀怨,好作诗以抒发情绪,但是诗歌几乎全部是同一个风格和套路,几乎全都是"花谢花飞飞满天,红消香断有谁怜"之类自怨自艾的风格,称得上一个合格的骚人。

考试链接

1. 赵翼《论诗》一诗中说明一代有一代的文学,一代有一代的诗人,后人可以超过前人,不必一味效古守旧的两句是_____,_____。

2. 这首诗的主旨是什么?表现了作者怎样的主张?

编注者:张　润

【参考答案】
1. 江山代有才人出,各领风骚数百年。
2. 主旨是江山代有才人出,作者认为诗歌应随着时代不断发展,诗人在创作上应求变创新,而不要刻意模仿,跟在古人后面亦步亦趋。

[清] 陈崇光 《承天夜游图轴》

扫一扫，听朗读

生年不满百

《古诗十九首》

生年不满百，常怀千岁忧①。
昼短苦夜长，何不秉烛游！
为乐当及时，何能待来兹②？
愚者爱惜费③，但为后世嗤④。
仙人王子乔⑤，难可与等期⑥。

注释

①千岁忧：指为子孙后代打算，忧虑重重。
②来兹：日后，将来。
③爱惜费：指吝惜钱财。
④嗤：嘲笑。
⑤王子乔：古代传说中著名的仙人。《列仙传》："王子乔者，周灵王太子晋也。好吹笙作凤凰鸣。游伊洛之间，道士浮丘公接以上嵩高山。三十余年后，求之于山上，见柏良曰：'告我家：七月七日待我于缑氏山巅。'至时，果乘鹤驻山头，望之不可到。举手谢时人，数日而去。"
⑥等期：做同样的期待，谓成仙不死。

古诗今读

　　一个人活在世上通常不满百岁，心中却老是怀抱着远至千年的忧愁，这是何苦呢？
　　既然老是埋怨白天是如此短暂，黑夜是如此漫长，那么何不拿着烛火，日夜不停地欢乐游玩呢？
　　人生应当及时行乐才对啊！何必总要等到来年

呢?

整天不快乐的人，只想为子孙积攒财富的人，就显得格外愚蠢，不肖子孙也只会嗤笑祖先的不会享福!

像王子乔那样成仙的人，恐怕难以再等到吧!

赏析要点

这首诗出自《古诗十九首》，是一首东汉的五言诗。本诗劝人通达世事，及时行乐，不必为那些毫无益处的事而日夜烦忧，并讽刺了那些贪图富贵者不懂得领悟人生的愚昧无知。

本诗共十句，可分为三层：以"人生不满百，却怀千岁忧"，首二句为第一层，两者强烈对比，凸显人生问题所在。三至六句为第二层，提出秉烛夜游，行乐当及时的主张。采用连续反问形式，强化作者把握当下，及时行乐的主张。七至十句为第三层，批判守财奴及求仙者，因为"爱惜费"和求仙是构成"千岁忧"的原因，也成为及时行乐的阻碍，具有画龙点睛的作用。

全诗以狂放的口吻，犀利的笔调，宣扬了纵情享乐的人生态度，另一方面，也反衬出现实的无望和理想的破灭。清尤侗《艮斋杂说》："'生年不满百，常怀千岁忧'，此语唤醒痴愚多少。"王国维《人间词话》谓"生年不满百"四句曰："写情如此，方为不隔。"

这样一首以放浪之语抒写"及时行乐"的奇思奇情之作，似乎确可将许多人们的人生迷梦"唤醒"；有些研究者因此将这类诗作视为汉代"人性觉醒"的标志。但仔细想来，"常怀千岁忧"的"惜费"者固然愚蠢；但要说人生的价值就在于及时满足一己的纵情享乐，恐怕也未必是一种清醒的人生态度。

实际上，这种态度，大抵是对于汉末社会动荡不安、人命危浅的苦闷生活的无力抗议。从毫无出路的下层人民来说，又不过是从许多迷梦（诸如"功业""名利"之类）中醒来后，所做的又一个迷梦而已——他们不可能真能过上"被服纨与素""何不秉烛游"的享乐生活。

所以，与其说这类诗表现了"人性之觉醒"，不如说是以旷达狂放之思，表现了人生毫无出路的痛苦。只要看一看文人稍有出路的建安时代，这种及时行乐的吟叹，很快又为悯伤民生疾苦、及时建功立业的慷慨之音所取代，就可以明白这一点。

诗歌出处

《古诗十九首》是乐府古诗文人化的显著标志，深刻地再现了文人在汉末社会思想大转变时期，追求的幻灭与沉沦、心灵的觉醒与痛苦，抒发了人生最基本、最普遍的几种情感和思绪。所选的十九首诗均是语言朴素自然，描写生动真切，具有浑然天成的艺术风格，处处表现了道家与儒家的哲学意境，被刘勰称为"五言之冠冕"（《文心雕龙》）。

延伸阅读

王子乔的故事

王子乔，姓姬名晋，是东周时期周灵王姬泄心之长子，年少时其父极为宠爱他，于是他就被封为太子。根据《列仙传》的记载，王子乔喜欢吹笙，他吹奏的笙乐就像凤凰啼鸣那样悦耳动听。王子乔曾经在伊水和洛水之间游历，遇到一位仙人浮丘公，他就跟着浮丘公上了嵩山，在山上修仙学道，再也没有下山。三十多年后，有一个名叫柏良的人在嵩岳上见到了王子乔，请他下山回家。王子乔说："回去告诉我的家人，七月初七这天登上缑（gōu）氏山顶，就能看见我了。"

缑氏山在现在的河南偃师缑氏镇一带，其实只是三百米高的土坡而已，可就是这座不起眼的小山，当年西王母曾经在上面修行得道，因为西王母姓缑，所以山也跟着叫缑氏了。七月初七这天，许多周王室的王公贵族爬上了缑氏山顶，果然看见了王子乔。不过，他是骑着白鹤翱翔在天空中的。王子乔在彩色云霞里的仙鹤背上向山顶上的人群挥手致意，几天之后，王子乔就驾鹤远游，谁也不知道他去哪里了。

不过，根据历史资料的记载，王子乔因为反对其父亲周灵王壅塞治水的方案，被贬为平民，责令其迁居东海之滨。从那以后，王子乔就闷闷不乐，健康受到影响，十七岁上就死了。说他驾鹤远游，恐怕只是人们用神话故事寄托对这位贤明王储的怀念罢了。

考试链接

1. 这首诗表达了作者怎么样的思想感情？

编注者：秦效伟

【参考答案】
1. 这首诗以松快的旷达之语，对世间两类人——吝啬敛财者和仰慕成仙者予以讽刺。

[清] 恽寿平 《湖山荡舟》

临 江 仙

[明] 杨慎

滚滚长江东逝水,浪花淘尽①英雄。是非成败转头空。青山依旧在,几度夕阳红。

白发②渔樵③江渚④上,惯看秋月春风。一壶浊酒⑤喜相逢。古今多少事,都付笑谈中。

注释

①淘尽:淘光、淘干净、一点不剩。
②白发:指老人。
③渔樵:这里是名词当动词用,打鱼、砍柴的意思。
④渚:音同"主",江上的小岛。
⑤浊酒:用糯米、黄米等酿制的酒,酒较混浊。浊,不清澈,相对于"清"。

古词今读

长江波涛汹涌地向东流,一去不回头,多少英雄豪杰都像翻滚的浪花一样,消逝在历史长河中。无论是对或错,成功或失败,转眼间就不存在。只有青山依然存在,岁月依然流转,日升日落依旧。

白发老翁在江上捕鱼、小岛上砍柴,早已习惯春夏秋冬四季轮转。难得和老朋友相见,一起高兴地喝几杯酒,历史上发生的多少大事,只不过是下酒的闲谈话题罢了。

赏析要点

这是一首咏史词,借叙述历史兴亡抒发人生感慨，豪放中有含蓄，高亢中有深沉。从全词看，基调慷慨悲壮，意味无穷，读来令人荡气回肠，不由得在心头平添万千感慨。

词的上阕透过历史现象咏叹宇宙永恒，人生有限，江水不息，青山常在，而一代代英雄人物却无一不是转瞬即逝。这是不可抗拒的自然法则。尽管他们功绩卓著，到头来也只是"转头空"；尽管他们人生美好，却只能如同"夕阳红"一样短暂。

下阕写作者高洁的情操、旷达的胸怀。既然是"是非成败"如过眼烟云，又何必耿耿于怀、斤斤计较？何如寄情山水，托趣渔樵，与秋月春风为伴，自在自得？作者生平抱负未展，横遭政治打击。他看透了朝廷的腐败，不愿屈从、阿附权贵，宁肯终老边荒而保持自己的节操。因此他以与知己相逢为乐事，把历代兴亡作为谈资笑料以助酒兴，表现了作者鄙夷世俗、淡泊洒脱的情怀。

时、空、人、事之间的感悟，并非人人都能把握。历史固然只是个镜子，倘若没有一己丰富的甚至是痛苦的、残酷的人生体验，那面镜子就会形同虚设，最多也只是热闹好看而已。在时、空的悟解中，"青山依旧在"是不变，"几度夕阳红"是变；在人、事的悟解中，"古今多少事"没一件不在变与不变的相对运动中流逝，从"是非成败"的纠葛中解脱出来，活了过来，进入一种宁静淡泊大彻大悟的境界。

作者掠影

杨慎（1488~1559），明代著名诗人，字用修，号升庵，别号博南山人、博南戍史，谥文宪，四川新都（今成都市新都区）人，祖籍江西庐陵，为内阁首辅杨廷和之子，正德年间状元，官至翰林院修撰。杨慎与解缙、徐渭合称"明朝三才子"。大礼议事件中，因率领百官在左顺门求世宗改变皇考，而遭贬云南，终老于戍地。贬谪以后，特多感愤。又能文、词及散曲，论古考证之作范围颇广。著作达百余种，后人辑为《升庵集》。

延伸阅读

杨慎的词

杨升庵的《廿一史弹词》中，除《临江仙·说秦汉》沉雄清丽而外，其他词也意境佳绝，今存世已稀,殊难得见。现据泸州宏道堂刻本录几首如下,以飨读者。

　　天上乌飞兔走,人间古往今来。沉吟屈指数英才,多少是非成败。

　　富贵歌楼舞榭,凄凉废土家荒台。万般回首化尘埃,只有青山不改。

《西江月·总说》

　　携酒上吟亭,满目江山列画屏。赚得英雄头似雪,功名。虎啸龙吟几战争。

　　一枕梦魂惊,落叶西风别唤声。谁弱谁强都罢手,伤情。打入渔樵话里听。

《南乡子·说三代》

　　落日西飞滚滚,大江东去滔滔。夜来今日又明朝,蓦地青春过了。

　　千古风流人物,一时多少英豪。龙争虎斗漫劬劳,落得一场谈笑。

《西江月·秦汉》

　　一片残山并剩水,年年虎斗龙争。秦宫汉苑晋家营。川源流恨血,毛发凛威灵。

　　白发诗人间驻马,感时怀古伤情。战场田地好宽平。前人将不去,留与后人耕。

《临江仙·说隋唐三代》

　　千古伤心旧事,一场谈笑春风。残篇断简记英雄,总为功名引动。

　　个个轰轰烈烈,人人扰扰匆匆。荣华富贵转头空,恰似南柯一梦。

《西江月·五代史》

　　六代瓜分世界,五胡云扰中原。纵横三百有余年,几度交锋索战。

　　马过生灵斋粉,血流河洛腥膻。耳闻犹自不堪言,有眼休教看见。

《西江月·五胡》

　　阅尽残编并断简,细数兴亡总是英雄汉。物有无常人有限,到头落得空长叹。

　　富贵荣华春过眼,汉主长陵霸王乌江岸。早悟夜筵终有散,当初赌甚英雄汉。

《蝶恋花·宋辽金夏》

　　细思三皇五帝,一般锦绣江山。风调雨顺万民安,不见许多公案。

　　后世依他样子,齐家治国何难。流芳百世在人间,万古称扬赞叹。

《西江月·元史》

考试链接

1. 这首词塑造了一位什么样的人物形象？请结合诗句简要分析。

2. "是非成败转头空"这句话历来为人所称道，你认为这句话中哪个字用得最精彩？请简要分析。

编注者：贾凤晔

【参考答案】
1. 这首词塑造了一位远离尘嚣、看惯争斗、为人淡泊、博学旷达的老渔翁形象。"江渚上"表明渔翁远离尘嚣；"惯看秋月春风"，表现了渔翁意趣盎然于秋月春风，习惯于悠闲自在的生活；"古今多少事，都付笑谈中"表现出了渔翁看惯了争斗、旷达的情怀。他寄托着诗人鄙夷世俗的是非成败、淡看荣辱得失的人生理想。
2. "空"。什么是非、成败、荣辱，在历史的长河中，转眼之间都会过去的。诗人追溯历史，认为英雄再叱咤风云，也会如浪花般随历史消失，终为一场"空"，山河依旧。英雄长眠后，其生前的是非成败不过是人们助酒的谈资罢了，依旧一场"空"。豪迈、悲壮，既有大英雄功成名就后的失落、孤独感，又暗含着高山隐士对名利的淡泊、轻视。

编者的话

在悠悠几千年的历史长河里，中华古诗词是中华传统文化中最灿烂的篇章，熠熠生辉，光耀古今。古诗词不仅是中国人的精神基因，也是我们文化的筋骨，撑起了文化传承的半壁江山。为了贯彻中共中央、国务院关于加强中国传统文化传承教育的精神和教育部关于中小学语文教学中增加古诗文比重和素养的要求，我们编写了这套丛书。

编写一套适合新时代读者学习古诗词的丛书并不是一时心血来潮的冲动。我们志在发展一种新的学习载体和学习模式。我们的目标是既适合中小学生语文课后阅读拓展训练，也适合读者循序渐进的学习，既能通过纸质版阅读，也可通过移动端进行电子学习。为此，我们从学习者的生理心理发展与认知能力、学习者诗词鉴赏能力的进阶管理、语文课程标准与中高考备考要求、诗会与诗词竞赛等活动对古诗词素养的要求、在线学习与交流等多个维度上进行了立意，辅以古诗词中字音义的难度、篇幅的长短、理解难易度等方面的综合考虑，参考国际上语言类分层教学的成功模式，精心运筹，把丛书划分为十二个等级，编为十二个分册，也可以匹配基础教育的十二个年级。成书后，我们发现，这种学程进度管理和阅读分级也十分吻合王国维先生在《人间词话》中关于诗词的三个境界的宗旨。比如对词的样本的挑选，从十六字令、忆江南等小令到中调、长调，分段逐级编排。这套丛书，也是中国有规模的古诗词丛书分级阅读的首次尝试。

《中华最美古诗词360首》精选了380多首古诗词，时间跨度上起先秦下迄清末，吸取了近现代古诗词研究大家的学术成果和经典诗词选本的优点，力争把中国古典诗词领域最具代表性的作者及其经典作品选进来，重在发掘主流文化价值，畅咏家国情怀，赞美社会责任感，兼顾各种风格、诗品和类型，比如，山水田园、爱国思乡、边塞、羁旅、咏史、送别、闺怨等无所不包，从"明月松间照，清泉石上流"的山涧幽景到"忽如一夜春风来，千树万树梨花开"的边塞奇观，随着层级的递升，古诗词的内容越发丰富，一个个鲜活的诗词大家在不断走进读者的视野，一首首风格迥异的诗词，如画轴般徐徐展开。

本丛书虽然定位为一套普识性的诗词读本，但并不普通。本丛书汇聚三百多位一线名师的智慧和心血，不仅有详尽的注释、生动的古诗词今读，还有一线教师极具个性的解读、有趣的关联延伸阅读，更有为应对各类考试而准备的测试题目和部分可资参考的教学资料，高度匹配教学要求，吻合教学实际，是古诗词精读和深度学习的不二选择。

本丛书在诗词筛选与编注过程中得到了很多专家、学者的指导和帮助。中国阅读学研究会副秘书长刘立峰、《中国教师》杂志社田玉敏教授、光明日报《教育家》杂志社王俊文先生等人给予我们许多具体指导、论证和鼓励，在此我们表示衷心的谢忱；对参与本丛书编注的三百多位教师的辛苦付出与劳动表示衷心的感谢，对参与书稿审校的林新杰、尚荣荣等同志表示衷心的谢意，同时感谢刘权先生对本书的出版给予的大力支持。

把380多首古诗词的解读深化为12个读本，卷帙不小，耗时费力可想而知，疏漏和不足在所难免，诚请广大读者批评指正，并给我们提出宝贵意见和建议，以便再版时订正和优化，帮助我们不断改进和完善，不断提高本丛书的质量。延伸阅读等模块中有部分作品是教师推荐给学生的传统阅读名篇，雷同或错漏在所难免，在此深表歉意。我们与收入本书作品的作者进行了广泛联系，烦请未能联系上的作者联系我们，以便支付稿酬。

最后，需要特别指出的是，本丛书委托北京名狮教育科技公司加工制作了电子版，这也是传统出版物发展新一代电子辅助教材的有益尝试，十分符合国家关于大力发展新一代数字阅读的文件精神。购买了本丛书的读者，可以通过扫描书中的二维码在移动端免费听朗读、看诗词原文，但本书纸质版的定价中不包含电子版的制作成本支出，因此购买了纸质版的读者使用电子版时，除了听朗读、看原文及其注释免费外，阅读电子版的其他页面和模块需要另行付费，如有疑问，具体请与北京名狮教育科技公司联系。

联系方式：（010）88113200

本书编委会